10 histoires de

L'ANTIQUITÉ

– Pourquoi ne m'écoutes-tu pas ? demande Élissa d'une petite voix.

– Les Romains sont à notre porte, lâche Spendios d'un ton sec. Il n'y a plus de père, de mère, de frère ou de sœur. Il n'y a plus que des combattants.

Élissa avance, les yeux fixés sur la silhouette de Spendios qui se hâte à plusieurs coudées devant elle. Le jeune homme se dirige vers l'isthme qui relie la presqu'île carthaginoise à l'Afrique. Va-t-elle le poursuivre au mépris de sa dignité ? Mais il est son frère, elle en est certaine. C'est bien lui cet aîné qu'elle croyait mort et à qui elle songe depuis qu'elle est toute petite, dans des visions de flammes hideuses et de rires grimaçants.

L'adolescente relève sa longue robe brodée pour marcher sans entrave.

– Spendios, écoute au moins mon histoire ! Tu n'es vraiment pas curieux, je trouve…

En guise de réponse, le jeune homme accélère le pas.

– Ton vrai nom est Amphaïs ! s'époumone l'importune. Moi, je m'appelle Élissa. Nous nous ressemblons, toi et moi ! Mais regarde-moi un peu, par Tanit !

Spendios s'arrête et se retourne. Cette fille ne le laissera jamais tranquille…

– Allez, je te raccompagne jusque chez toi, dit-il en soupirant.

– C'est vrai ? s'écrie l'adolescente d'une voix incrédule.

– C'est vrai, mais allons-y vite ! répond le jeune guerrier d'un ton bourru. Je dois rejoindre ma caserne.

Élissa ne se le fait pas dire deux fois. Tandis qu'ils prennent la direction du front de mer, elle cherche comment aborder de nouveau le sujet. Mais c'est Spendios qui prend la parole.

– Tu t'appelles donc Élissa. Le nom de la fondatrice de Carthage…

– C'est mon père qui a voulu m'appeler ainsi.

– J'approuve ce choix ! Cette première Élissa était une merveilleuse princesse. J'aime me rappeler comment elle arriva ici, et proposa aux habitants d'acheter « seulement » le terrain que pourrait couvrir une peau de bœuf. Comme j'admire cette femme astucieuse qui la fit couper en bandes très étroites pour encercler les terres sur lesquelles elle construisit sa cité !

– Mais je n'aime pas la fin de l'histoire, objecte Élissa. Tu l'aimes, toi ? Quand elle se jette dans un bûcher dans l'espoir de garantir vie et prospérité à la nouvelle cité…

Le cœur d'Élissa s'est accéléré. C'est la transition idéale pour révéler à Spendios sa véritable identité.

– Je vois, dit celui-ci, tu n'aimes pas les sacrifices…

– Ah ça, non !

– Ils sont pourtant le seul moyen de régénérer les dieux. Sans sacrifices, les dieux dépérissent ! Ceux-ci ont besoin des hommes, tu ne l'ignores pas. Il n'y a pas à chercher plus loin la raison des lourdes menaces qui pèsent sur nous. Cela fait cinq ans qu'un nouveau-né n'a pas été passé par le feu !

– Mais une procession se prépare en ce moment, non ? se récrie Élissa, un nœud dans l'estomac. J'ai entendu dire que les prêtres allaient offrir des vases sacrés aux dieux…

– Je sais, puisque notre voisin qui est potier s'affaire à terminer les céramiques… Mais il sera peut-être trop tard, indique le jeune homme d'un air sombre. Et d'ailleurs, ajoute-t-il d'un ton acerbe, ce n'est pas suffisant.

– Tu ne trouves rien à redire à ce que l'on tue des bébés, toi ? essaye encore Élissa.

– Souviens-toi que les nouveau-nés sacrifiés séjournent pour toujours avec la divinité, tranche Spendios.

Élissa hoche la tête en silence. Ils continuent leur chemin sans parler et, bientôt, pénètrent dans le somptueux quartier du front de mer, où chaque maison s'étend sur plusieurs centaines de mètres carrés, avec de multiples pièces distribuées autour de cours à péristyle.

– À quoi peut-on utiliser toute cette surface ? demande soudain Spendios. Change-t-on tous les jours d'endroit pour manger ou dormir ?

– Oh, cela arrive. Mais moi, quand j'étais petite, je m'amusais beaucoup à me cacher.

– Tu jouais avec tes sœurs et… tes frères ?

– Je jouais seule. Je n'ai ni sœur ni frère…

La jeune fille manipule nerveusement le manche

de son miroir. Elle n'avait pas envisagé que Spendios serait aussi religieux. Si elle lui racontait ce qui s'est passé à sa naissance, il serait capable de se suicider...

– Écoute, dit-elle en prenant sa décision, tu peux me laisser là. Je voudrais m'excuser... Tu n'es pas mon frère, bien entendu. J'ai inventé ce mensonge parce que tu me plaisais. Je t'avais vu, un jour, alors que tu sortais du temple de Tanit...

Un large sourire bienveillant se dessine sur le visage du jeune homme.

– Je me doutais depuis le début que c'était ça, tu sais ! Ton histoire de frère ne tenait pas debout... Allez, au revoir, Élissa. Que Tanit te garde ! Et cache-toi, si nécessaire...

L'adolescente esquisse un petit geste d'adieu, puis elle s'éloigne en serrant son miroir contre sa poitrine. Le fracas de la mer, derrière les murailles, lui parvient. Cette mer d'où les guettent les Romains, jour et nuit. Elle les avait un peu oubliés depuis ce jour fatidique où elle perdit sa mère, en apprenant du même coup que son grand frère était toujours vivant...

Dans la bise marine qui souffle du nord, la jeune fille a l'impression de sentir l'odeur d'airain des cuirasses ennemies. Elle plisse le nez. À dire vrai, ça sent réellement quelque chose de bizarre. Soudain, elle remarque la lueur étrange qui frappe son miroir et fait volte-face.

Spendios se tient toujours à l'endroit où elle l'a laissé. Il est figé devant le spectacle qu'offre le ciel,

Spendios s'éclaire. Son jeune ami Karam, de dix ans son cadet, se détache du régiment pour courir vers lui.

– Spendios, où étais-tu ? L'attaque du port marchand n'était qu'une ruse… Scipion vient de prendre pied sur le port militaire.

– Quoi ?

– Oui, explique Karam d'une voix hachée, on pensait que nos ennemis débarqueraient sur le port marchand, puisque c'est le premier auquel on accède en arrivant du large. Mais contre toute attente, Scipion l'a évité. À l'instant où je te parle, l'ennemi s'apprête à abattre la muraille !

Comme pour ponctuer ses paroles, la voix de Karam se perd à cet instant dans un fracas énorme. Quelque chose de prodigieux est en train d'ébranler l'enceinte du port militaire. Tous les regards se tournent vers les blocs de grès qui vacillent. La muraille va-t-elle résister ? Au fond de soi, chacun sait que non.

Puis le silence tombe, un silence effrayant. Et, de nouveau, le choc des béliers. Un bloc de grès bascule, suivi de la dégringolade des pierres qui se trouvaient au-dessus. Des nuages de poussière s'élèvent, se mêlant aux cendres qui obscurcissent le ciel radieux de Carthage.

– Ils seront là d'un moment à l'autre, dit Karam.

– Ils *sont* là, ajoute Spendios quelques secondes plus tard.

Telles les pattes d'un insecte géant, une centaine de soldats accrochés à leur énorme poutre de bois fondent sur eux, emportés par leur élan. Un autre bélier surgit à côté, forçant la muraille. Bandant son arc, Karam tire son premier trait. Un homme tombe. Une volée de flèches carthaginoises embroche les autres, les deux béliers s'abattent en faisant trembler le sol. La nervosité gagne Spendios. Il n'a que son poignard, lui ! Cette Élissa, il la hait !

En un instant, une confusion gigantesque se produit. Des flots de légionnaires romains s'engagent dans la brèche ménagée dans la muraille, tandis que les Carthaginois – civils et soldats mélangés – se ruent vers leurs ennemis pour les arrêter. Ils sont rapidement débordés. Les Romains se faufilent partout comme des anguilles. Tout à coup

Spendios se retourne, percevant un choc sourd à ses côtés. Son regard s'arrête sur le cadavre d'un Romain, la tempe fracassée, qui se préparait probablement à le transpercer par derrière avec son glaive. À côté de celui-ci, se tient Élissa, en tunique courte, une fronde à la main…

Avant que Spendios n'ait eu le temps de réagir, elle s'approche du corps et s'empare de l'épée que l'homme serre encore dans son poing.

– Tiens ! dit-elle en la tendant à Spendios. Mais ne prends pas son bouclier, sinon on croira que tu es romain.

– Merci pour le conseil ! grommelle Spendios en arrachant l'arme à l'adolescente.

– Tu n'es pas très poli. Après tout, je viens de te sauver la vie…

– Eh bien merci. À mon tour, je vais sauver la tienne : rentre chez toi !

Comme le jeune homme le redoutait, l'adolescente ne bouge pas. Il l'abandonne à son sort, mais impossible de l'oublier maintenant : elle le suit comme son ombre. Dans la besace suspendue à sa tunique, elle pioche des balles en terre cuite qu'elle projette avec une habileté confondante. Spendios n'est pas sûr de tuer autant de Romains qu'elle. Et quand il se retourne de temps à autre pour la regarder, c'est pour voir qu'elle est toujours vivante. Même si les soldats ne s'attaquent pas aux femmes, il y a de quoi trucider une combattante de cette trempe…

– Qui est cette fille ? lui demande Karam, qui combat à ses côtés.

– Occupe-toi d'elle, si elle te plaît ! maugrée Spendios. Ça me rendra service.

– Mais où est-elle passée ? reprend le jeune guerrier en cherchant de tous côtés avec inquiétude.

Élissa réapparaît à cet instant. Elle a les bras chargés d'un armement complet, ainsi que d'une jupe de combat.

– Tiens, Spendios, il n'en a plus besoin, celui qui portait cela !

Cette fois-ci, Spendios accepte les objets sans faire de commentaire. Au fond des yeux noirs de l'adolescente, il lit une détermination presque effrayante. Et cependant, il ne pense pas qu'elle est amoureuse de lui. Que lui veut-elle ? En fait, la question n'a pas grand intérêt car, avant la fin du jour, tous deux seront probablement morts.

Pourtant, alors que le soleil disparaît à l'horizon quelques heures plus tard, les trois jeunes gens sont toujours en train de combattre les uns à côté des autres. Élissa a déjà sauvé plusieurs fois la vie de Karam et de Spendios, et celui-ci, à son corps défendant, a empêché à plusieurs reprises un légionnaire romain de punir cette dangereuse frondeuse…

Puis le soleil se couche et les combats se taisent, tandis que les Carthaginois implorent leurs dieux avec désespoir car les Romains sont parvenus à l'agora[5] ! Éclairés par les flammèches qui subsistent de l'incendie, ils établissent leur campement sur cette place qui est le cœur de Carthage. Et ils mettent à sac tout ce qu'ils peuvent…

– Ils ont pillé le tabernacle d'or du temple d'Apollon ! gémit Spendios, réfugié avec Élissa et Karam dans une maison située dans une rue adjacente. Ils ont détaché les feuilles d'or avec la pointe de leur glaive !

Les trois jeunes gens sont assis dans l'obscurité, sous le petit portique qui borde la cour. Les habitants ont fui pour trouver refuge sur les pentes de Byrsa et, surtout, laisser la place à l'armée. Le silence est presque total. L'odeur vivifiante de la mer flotte dans l'air et le vent est doux, comme si c'était un jour comme un autre. Mais Élissa a l'impression que des siècles se sont écoulés depuis ce matin. Elle a le sentiment de connaître Spendios depuis toujours. Plus qu'un frère en vérité. Karam aussi. Ils ont le même âge tous les deux. Même si cette nuit devait être la dernière de sa vie, elle n'échangerait sa place avec personne.

– Il ne reste plus aux Romains qu'à se rendre maîtres de la citadelle, déclare Karam d'un ton grave.

– Ce ne sera pas facile, objecte Spendios. Les trois rues qui mènent de l'agora au sommet de la

5. Grande place publique où les Carthaginois de toutes conditions se croisaient pour flâner, bavarder, débattre ou protester.

colline sont très étroites, et en plus elles sont bordées en ligne continue d'immeubles de six étages. Cette disposition facilitera la tâche des défenseurs, car nos ennemis ne pourront se déployer.

– Vous vous rendez compte ? s'exclame Karam. Une armée dans une ville… Ça ne s'est jamais vu !

– Ça ne s'est jamais vu parce que c'est la première fois de l'histoire que des habitants ne capitulent pas lorsqu'on pénètre dans leur cité, répartit Spendios avec fougue. D'habitude, une fois que l'ennemi est sur place, une ville cesse de se défendre et ses habitants ne cherchent plus qu'à fuir pour sauver leur peau.

– Carthage n'est pas une ville comme les autres ! approuve Élissa avec enthousiasme.

– Oui, nous préférons la mort à la servitude ! renchérit Spendios.

– Même si Carthage meurt, sa légende restera, conclut Karam, les yeux brillants.

Le jeune garçon se tourne vers Élissa d'un air intrigué.

– Mais toi, dit-il, si tu montres aux Romains le rameau des suppliants[6], ils te laisseront la vie sauve… Tu seras emmenée comme esclave mais, vu ta beauté, un riche Romain tombera sans doute amoureux de toi et t'affranchira pour t'épouser. Tu voyageras dans le monde, tu visiteras la Grèce…

6. Branche d'olivier que montraient les vaincus aux vainqueurs pour implorer leur clémence.

Alors, qu'est-ce que tu fais là ? Je suppose que ce n'est pas seulement pour exercer tes talents – fameux, il est vrai – de frondeuse…

Élissa observe un long moment de silence.

– Je suis là parce que j'ai rêvé d'un frère…

Et après quelques instants, l'adolescente ajoute :

– Je suis contente, j'en ai trouvé deux !

Tandis que Karam se redresse d'un air rayonnant, un sourire se dessine progressivement sur le visage de Spendios.

– Je te salue, ma sœur, déclare-t-il en s'inclinant.

– Je te salue, ma sœur ! fait à son tour Karam avec empressement.

Les larmes aux yeux, Élissa se tait, incapable de répondre.

– Maintenant, mangeons un peu, puis dormons pour récupérer nos forces, dit Spendios en serrant très fort la main de la jeune fille.

Les deux garçons dorment encore quand Élissa se réveille. Elle scrute d'un œil aigu le visage de Spendios. Elle retrouve en lui ses propres yeux en forme d'olive, son visage triangulaire, ses hautes pommettes un peu de travers et les boucles très serrées de ses cheveux. Et elle pense à ce bébé déposé dans les bras de la statue de bronze et jeté dans la fournaise, dans l'espoir que les dieux feraient cesser l'épidémie de peste qui sévissait alors à Carthage, il y a vingt-cinq ans de cela.

Spendios se réveille et ouvre les yeux. Mais

Élissa ne le voit plus. À son visage se superpose celui du nouveau-né sacrifié à sa place. Le bébé semble rire dans les flammes, mais ce n'est qu'une illusion due aux os et à la chair qui se rétractent dans la chaleur du brasier. C'est la mère d'Élissa qui a organisé l'échange, moyennant quelques pièces d'or offertes à une esclave contre son nouveau-né. Le père d'Élissa n'a jamais su que son fils était toujours vivant et qu'il grandissait, non loin de lui, dans la famille d'un forgeron de Byrsa. Il avait offert son premier-né avec fierté : seules les victimes issues de familles nobles permettaient d'établir une relation avec le seigneur du ciel, Baal Hamon…

– Ma famille se trouve en haut de Byrsa, murmure Spendios en se parlant à lui-même. J'espère que les Romains n'arriveront pas jusque-là…

Élissa acquiesce en silence. Soudain retentissent au-dehors des clameurs entrecoupées du claquement des armes. Karam se lève d'un bond, réveillé en sursaut.

– Ça a recommencé ! s'exclame-t-il. Allons-y !

Spendios se lève à son tour, mais Élissa se dresse devant les deux garçons.

– Écoutez, dit-elle, j'ai pensé à quelque chose…

Les deux jeunes gens la regardent d'un air interrogatif.

– Voilà, reprend Élissa, je ne dormais pas cette nuit en songeant à tous ces gens qui allaient mourir le long des pentes de Byrsa… Même les femmes, car je pressens que tout le monde se battra. Alors je me suis demandé ce qu'allaient devenir les enfants dont les parents seraient tués. Où iraient-ils ? Qui s'occuperait d'eux ?

Les deux garçons se consultent du regard, désarçonnés.

– Je n'ai jamais aimé les enfants, répond Spendios. Mais tu as peut-être raison, Élissa. Nous devons essayer de les protéger. Ils sont l'avenir de Carthage…

– On peut les cacher chez moi, à Magon ! appuie Élissa.

Karam acquiesce.

– Moi, je suis d'accord. Nous ne serons que trois morts de plus si nous ne faisons que combattre. Sauvons les enfants…

– Sauvons les enfants ! approuve Spendios en levant la main.

Lorsque les jeunes gens débouchent sur l'agora, la situation est beaucoup plus complexe que ce qu'ils avaient prévu : Scipion a engagé ses colonnes simultanément dans les trois voies d'accès menant à Byrsa.

– Nous allons devoir faire un choix, murmure Spendios. On ne peut être partout à la fois.

Alors que les combats viennent de commencer, les cadavres jonchent déjà le sol à l'intersection des trois rues. Non seulement ceux d'hommes, mais aussi ceux de femmes et même d'animaux…

– Les Romains se vengent, soupire Spendios.

– Regardez ! s'écrie Élissa en pointant le doigt

vers la terrasse du premier immeuble, en bas de la rue. Ils sont aussi là-haut !

Pétrifiés, les trois jeunes gens observent les éclats argentés des épées qui frappent en tous sens. Soudain une silhouette se détache sur le rebord de la terrasse. Elle lutte quelques instants avec quelqu'un, puis elle bascule dans le vide.

– Ils jettent les habitants par-dessus bord ! souffle Élissa, la gorge sèche.

– Allons-y ! crie Karam.

Spendios lève la main.

– Non, attendons. Nous n'entrerons dans une maison que lorsque les Romains l'auront quittée pour assiéger la suivante… en admettant qu'ils y parviennent. S'il y a des enfants, nous pourrons alors les emmener sans danger. Nous allons établir notre base dans le premier immeuble en bas, à gauche. Ce sera plus facile pour s'enfuir, le moment venu. C'est toi, Élissa, qui occuperas ce poste.

La jeune fille hoche la tête.

– Ton plan est excellent, mais c'est vous deux qui allez courir tous les dangers…

Un sourire affectueux se dessine sur les lèvres de Spendios.

– C'est normal, quand même, tu es notre petite sœur ! Et crois-tu que deux rustres comme nous pourraient prendre soin des enfants ?

Mais deux heures plus tard, les trois jeunes gens n'ont toujours pas bougé. La résistance des

Carthaginois est héroïque et les Romains n'ont réussi à prendre que la seconde bâtisse en face de la première. En vérité, chacun des immeubles de Byrsa est transformé en forteresse. Les assaillants doivent combattre pied à pied, et la bataille au sol se double d'une lutte en hauteur, sur les terrasses. Les Romains ont fort à faire, car leurs ennemis lancent même des planches d'une maison à une autre pour franchir l'étroit passage qui les sépare. Des projectiles de toutes sortes pleuvent sur les légionnaires qui se vengent en recevant sur leurs piques les Carthaginois jetés à bas de leurs maisons.

Soudain, Spendios fait un signe du menton.

– Cette fois on y va, le passage est libre !

Élissa enveloppe les deux garçons d'un regard admiratif. Coiffés de leur casque à dôme prolongé de couvre-joues, et revêtus de leur cuirasse de bronze qui leur modèle le torse, ils sont magnifiques. Brusquement, elle s'agenouille, face contre terre, saisie d'une ferveur qui la dépasse :

– Tanit et Baal Hamon, protégez-nous !

– Protégez-nous ! répètent les deux guerriers, la main posée sur la poitrine.

Tous trois parviennent à la première maison. Le long vestibule qui mène à la cour intérieure est jonché de cadavres. Les jeunes gens s'immobilisent, aux aguets. Trouant le vacarme du dehors, des pleurs d'enfant leur parviennent. Ils se ruent dans l'escalier et là, tout en haut, sur la terrasse, découvrent un garçon de trois ou quatre ans qui est assis, en larmes, près de sa mère égorgée. À côté de lui se trouve un nouveau-né qui gazouille dans son berceau, un petit vase à bec posé à côté de sa joue.

– Tu vas t'installer à la cave avec eux, décide Spendios d'une voix cassée. Comme ça, s'ils pleurent, personne ne les entendra…

Tandis que les deux garçons repartent, Élissa s'installe au sous-sol, qui est d'ailleurs le seul endroit de la maison où il n'y ait pas de cadavre. Tout en balançant doucement d'une main le berceau, elle réconforte le jeune garçon du mieux qu'elle peut.

Ses pensées courent dans sa tête. Elle a remarqué la tristesse de Spendios quand ils ont découvert les enfants. Elle a vu aussi le regard attendri qu'il a posé sur le nourrisson. Peut-être comprendrait-il maintenant que sa mère n'ait pu le livrer à la mort… Peut-être, mais ce n'est pas sûr… Il est préférable de ne jamais lui reparler de cette histoire.

– Tu vas voir, Amar, dit-elle en caressant les cheveux de l'enfant qui commence à s'assoupir, on va aller se cacher avec plein d'autres amis. Et puis on s'enfuira tous ensemble sur un bateau vers les côtes de la Gaule !

Ses deux compagnons font leur apparition peu après. Ils tiennent par la main une fillette de cinq ou six ans, aux yeux agrandis de terreur. Tandis qu'Élissa l'enroule dans des étoffes en la cajolant, les deux garçons repartent aussitôt. Une heure plus tard, un nouvel orphelin les accompagne.

– Les Romains progressent, annonce Spendios d'une voix tendue.

– Et les combats vont sûrement se poursuivre la nuit, ajoute Karam. Les Romains n'ont bien évidemment pas l'intention de s'arrêter avant d'avoir atteint la citadelle ! Tiens, ajoute-t-il en retrouvant un peu son enjouement, je t'ai trouvé de la nourriture, Élissa : un panier de pommes, des figues et une jarre de lait.

Et les arrivées d'enfants continuent. Infatigablement, Spendios et Karam récupèrent les orphelins en prenant seulement de temps à autre un moment de repos.

Est-ce que ce sont des heures ou des jours qui passent ? Élissa ne peut plus le dire. La succession du jour et de la nuit s'est interrompue au fond de sa cave, et même si Spendios et Karam lui indiquent approximativement l'heure qu'il est, tout est devenu complètement irréel. Elle dort par intermittence, les petits agglutinés autour d'elle comme à une bouée de sauvetage. Elle est sans cesse réveillée par les bruits de la rue, les enfants terrifiés qui réclament du réconfort et, par-dessus tout, l'angoisse que Spendios et Karam ne reviennent pas… Leurs protégés finissent par atteindre le nombre d'une douzaine. Ils ne pleurent pas beaucoup, comme s'ils avaient compris qu'il valait mieux se faire oublier pour survivre. Et aucun ne proteste devant le peu de nourriture que leur propose la jeune fille.

Mais l'odeur qui règne maintenant est épouvantable… Élissa n'ose se demander comment ils feront si Spendios et Karam ramènent encore d'autres orphelins. Et c'est pourtant ce qui est probable. Petit à petit, les bruits de combat s'éloignent et l'adolescente a l'impression qu'ils se trouvent dans une île, loin de tout, à la fois protégés et définitivement coupés du monde : quelque chose comme une tombe où ils sont enterrés vivants, avec des chances de survivre qui s'amenuisent d'instant en instant. Les enfants sont tous mal en point et elle-même n'a plus aucune force…

Soudain, alors qu'Élissa s'était assoupie sans s'en rendre compte, elle se réveille en sursaut, alertée par une présence à ses côtés. Spendios se tient devant elle. Il est seul…

– Où est Karam ? crie-t-elle, saisie d'un affreux pressentiment.

Le jeune homme secoue la tête.

– J'ai une mauvaise nouvelle, dit-il. Karam a voulu aller voir dans les autres rues. Je ne l'ai pas retrouvé…

– Écoute, dit Spendios en prenant dans ses bras la jeune fille en pleurs, les Romains sont presque en haut de Byrsa… Les survivants se sont réfugiés dans la citadelle. Ma famille aussi, ajoute-t-il en baissant la voix. J'ai peur que les Romains ne se mettent à incendier les maisons pour permettre à leurs béliers de se frayer un chemin jusque là-haut. Nous devons partir au plus vite…

Mais Élissa ne l'écoute plus. Elle vient de voir du sang couler sous son armure.

– Tu es blessé !

– Un Romain moribond m'a frappé dans le dos. Je vais me faire un bandage, répond-il en s'emparant d'un linge qui traîne sur le sol.

– Montre-moi !

– Je ne t'ai pas dit que j'étais douillet ? On verra ça en arrivant chez toi.

Il se tourne vers les enfants dont les regards sont fixés sur lui.

– Nous allons partir d'ici, leur explique-t-il. Il ne faudra pas parler, pas faire un bruit. Le seul moment où l'on risque de nous voir, c'est quand nous sortirons de la maison. Mais nous prendrons tout de suite la première rue à gauche. Après, on quitte Byrsa et c'est gagné. Vous avez compris ?

Spendios n'obtient pas de réponse, mais les visages déterminés parlent d'eux-mêmes. Élissa serre dans ses bras le bébé à qui elle donne le biberon, en espérant que ça l'empêchera de pleurer.

La petite troupe s'engage dans l'escalier et atteint l'air libre sans encombre. Il fait à peine jour, mais Élissa cligne des yeux, aveuglée. Elle a du mal à respirer, à avancer, à se tenir même debout.

Le groupe se faufile dans la première rue adjacente. Le quartier Magon ne se trouve pas très loin de Byrsa. Si tout va bien, ils seront là-bas dans moins d'un quart d'heure.

Mais tout ne va pas bien… Montant dans le lointain, de plus en plus proches, des bruits de pas résonnent à leurs oreilles. Des pas nombreux et

rythmés : ceux d'une armée. Fous de peur, les enfants se ruent sous le porche de la première maison venue. Spendios court les rejoindre avec Élissa et le bébé.

– Non, les exhorte-t-il, il faut y aller ! Ils ne peuvent pas nous voir d'où ils sont. Venez !

Mais les petits sont pétrifiés. Percevant sans doute l'affolement général, le bébé crache le bec de son biberon et se met à hurler. Par bonheur, ses cris sont aussitôt couverts par le martèlement de pioches. Celles-ci font trembler le sol…

– Que se passe-t-il ? gémit Élissa en secouant frénétiquement le nourrisson pour essayer de le calmer.

– Ils détruisent les maisons, indique Spendios. C'est exactement ce que j'avais prévu…

Un cri s'étouffe dans la poitrine d'Élissa. Du porche où ils ont trouvé refuge, elle vient d'apercevoir un pan entier de mur s'écrouler.

– Vous attendez que ce soit votre tête qu'ils cassent ? lance Spendios d'un ton dur aux enfants.

Cette remarque les fait enfin réagir. Ils détalent tous. Si vite que Spendios a du mal à les suivre, avec la douleur qui lui vrille le dos. Jetant un coup d'œil rapide par-dessus son épaule, il aperçoit les morceaux d'une terrasse complète s'effondrer dans la poussière. C'est comme s'ils étaient des vers de terre et qu'un troupeau d'éléphants en fureur voulait les piétiner…

Serrant le nouveau-né contre sa poitrine, Élissa avance comme une automate. À chaque instant, elle croit déceler dans la démarche de Spendios des signes de douleur. S'il mourait aussi, elle se plongerait un couteau dans le cœur !

– Est-ce qu'on est bientôt arrivés, Élissa ? lui demande Amar, qui se presse à ses côtés.

– Oui, répond celle-ci, sentant l'émotion l'envahir devant le visage tendu vers elle.

– Élissa, tu ne m'abandonneras jamais ? continue le garçonnet.

L'adolescente ravale ses larmes.

– Non, mon chéri, déclare-t-elle après une longue hésitation. Jamais…

N'osant y croire, ils atteignent l'entrée du palais. Celui-ci est totalement désert. Comme tous les habitants de Carthage, les esclaves d'Élissa sont partis défendre leur ville. La jeune fille guide le petit groupe à travers le dédale des cours et des pièces.

– Il y a de quoi manger et se reposer, dit-elle en pleurant de désespoir et de soulagement mélangés. Venez, mes chéris, venez…

Quand le dernier des enfants s'endort enfin, Élissa est au comble de l'angoisse. Spendios lui a affirmé qu'il allait bien lorsqu'elle l'a installé dans la plus belle chambre du palais, mais était-ce vrai ? Il a une nouvelle fois refusé qu'elle examine sa blessure.

Un cri jaillit de sa poitrine au moment où elle entre dans la chambre. Spendios gît, immobile, les paupières fermées, baignant dans une mare de sang.

– Élissa ? murmure-t-il en ouvrant les yeux avec peine.

– Spendios ! clame l'adolescente en se précipitant à son chevet. Je veux voir ta blessure !

Le jeune homme sourit faiblement.

– Ce n'est pas la peine, ma blessure ne me fait plus mal… C'est une très belle blessure…

– Ce n'est pas le moment de plaisanter ! hoquette Élissa en s'agenouillant près de lui, le visage entre les mains.

– Si, c'est le moment justement, fait doucement Spendios en prenant les mains de la jeune fille. Pourquoi mourir dans la tristesse ?

– Tu ne vas pas mourir ! hurle Élissa en relevant la tête.

– Si, tu le sais bien. Écoute, Élissa, calme-toi, calme-toi… J'ai réfléchi à ce que tu m'as dit, et j'ai compris que c'était la vérité : je suis ton frère. Nous nous ressemblons beaucoup physiquement et même moralement. Mais cela ne m'intéresse pas de savoir ce qui s'est passé à ma naissance. La seule chose qui compte, c'est de t'avoir rencontrée… Tu m'as complètement changé en quelques jours. Mon cœur était une pierre avant que je ne te connaisse. C'est lui qui saigne, mon Élissa, pas ma blessure… Je t'aime, ma petite sœur !

– Moi aussi, je t'aime Spendios, balbutie Élissa. J'ai besoin de toi ! Je ne veux pas que tu meures…

– Nous nous retrouverons un jour, tu le sais bien…

Heure après heure, le jeune guerrier devient plus pâle. Bientôt, il ne parle plus et ne desserre même pas les lèvres quand Élissa approche une coupe d'eau pour le désaltérer.

Mais vers le soir, il ouvre soudain les yeux.

– Il faut que tu sauves les enfants, Élissa ! dit-il avec force. Tu me le promets ?

– Je te le promets ! Spendios, tu te sens mieux ? s'écrie l'adolescente avec un regain d'espoir.

– Mais je vais très bien ! murmure le garçon en souriant.

Ce sont ses dernières paroles. Peu à peu, le blessé sombre dans le coma. Élissa ne le quitte pas un instant du regard. Elle le contemple pour toutes ces années où elle ne l'a pas vu et pour le reconnaître dès qu'elle abordera à son tour le royaume de Tanit. Spendios quitte le monde des humains pour celui de la déesse au moment où la lune culmine dans le ciel…

Ivre de douleur, Élissa lui ferme les yeux, puis elle va chercher une pioche et creuse une fosse. Rassemblant ses ultimes forces, elle le transporte dans ses bras, avant de le déposer doucement dans sa tombe.

– Je te rends à la divinité, ô mon frère ! s'écrie-t-elle en pleurs. Protège-le, Tanit !

Après avoir remblayé la tombe, elle va retrouver les enfants. Quand ils se réveilleront, elle leur dira que Spendios est parti en éclaireur pour leur voyage. Alors elle les emmènera jusqu'aux falaises rouges d'Amilcar et ils embarqueront dans le bateau que possédaient ses parents.

L'adolescente finit par s'endormir, épuisée de douleur, sans voir que les pentes de Byrsa sont en flammes. Au petit matin, elle est réveillée par une main qui se pose doucement sur son épaule.

– Karam ! hurle-t-elle en se demandant si elle ne rêve pas.

Les deux jeunes gens tombent dans les bras l'un de l'autre. Pleurant de joie et de désespoir, Élissa conduit Karam sur la tombe de Spendios.

– Tu sais ce qu'il m'a dit avant qu'on ne soit séparés par des combats ? murmure le garçon, la gorge nouée.

Élissa secoue la tête.

– Il m'a dit que s'il mourait, il demanderait à Tanit d'empêcher désormais que les hommes offrent des bébés en sacrifice…

Le regard d'Élissa s'abîme sur l'horizon en flammes.

– Que se passe-t-il là-haut ?

– Tout est fini. Les survivants sont emmenés comme esclaves et Scipion va faire raser la ville… Nous devons fuir au plus vite !

Karam n'en raconte pas plus pour ménager Élissa, mais des visions atroces lui emplissent les yeux. Hier, le feu et les pioches sont entrés en action à Byrsa, sans souci de faire évacuer les vieillards, les femmes et les enfants qui y restaient. Plus ou moins gravement brûlés, ceux-ci sont tombés avec les maisons qui s'effondraient. De tels monceaux de décombres jonchaient les rues que les Romains n'ont pu faire passer leurs machines de siège. Alors ils ont creusé des tranchées en y jetant pêle-mêle les fragments de mur, les cadavres et les blessés… Le jeune guerrier ferme les yeux. Oubliera-t-il un jour ces bras et ces jambes qui s'agitaient encore dans les fosses qu'on comblait ?

– Carthage finit comme elle a commencé, souffle Élissa. Dans le feu[7]… Non, elle n'est pas finie. Ces enfants vont lui donner une descendance !

À ces mots, Karam l'attire contre lui. Les enfants réveillés s'approchent timidement du couple.

– Élissa, demande Amar, on y va à la Gaule ?

7. La princesse Élissa (appelée aussi Didon), fondatrice légendaire de Carthage, mit fin à sa vie en se jetant dans un bûcher.

policier

La nuit du sacrilège

de Barbara Castello et Pascal Deloche
illustré par Dominique Rousseau

Un cortège de vieilles femmes au visage enduit de boue séchée hantait les couloirs du palais de Thôset. La longue mélopée de leurs lamentations s'élevait jusque dans les jardins de sycomores. Vêtues de guenilles, les pleureuses se frappaient la poitrine et la tête en signe d'affliction. Les serviteurs éplorés jetaient des poudres odoriférantes sur les brûle-parfums qui emplissaient l'air de senteurs de myrrhe. Tout, en ce jour funeste, portait l'empreinte du malheur et de la plus profonde tristesse. Thôset était passé de l'autre côté du fleuve d'Éternité et les femmes, par leurs cris, rendaient hommage au défunt.

Assis près de la mare aux cygnes, Nefrou avait du mal à contenir sa douleur. La mort brutale de son maître l'avait frappé en plein cœur. Insensible au tumulte des pleurs, il voyait sa vie se dérouler devant ses yeux, tel un papyrus. Engagé dès son plus jeune âge par Thôset en tant que simple serviteur, Nefrou avait très vite conquis la sympathie du riche marchand. Conscient de son intelligence exceptionnelle, Thôset l'avait fait initier à l'art des hiéroglyphes et nommé scribe quelques années plus tard. Sans lui, que serait-il devenu ? Un fellah[1] comme son père qui avait usé sa santé à cultiver le précieux limon du Nil ?

Bien qu'encore jeune, Nefrou avait consacré une grande partie de son existence à l'art des hiéroglyphes. Souvent, il s'amusait à dire que ses plus fidèles compagnons étaient le papyrus, le calame et son chat, Bast. Grâce à son érudition, il avait acquis le respect des hauts dignitaires et grâce à sa beauté, il s'était attiré les faveurs des plus belles femmes de Thèbes. Sa réputation avait même franchi les portes de la capitale. On venait de loin pour lui demander conseil. Mais aujourd'hui, tout cela n'avait plus la moindre saveur. Son âme était aussi grise que les eaux boueuses du fleuve en crue.

1. En Égypte, petit paysan.

Personne ne pourrait jamais remplacer Thôset. Cet homme d'exception avait fait fortune en développant le commerce sur le Nil. Sa richesse lui avait valu la bienveillance de Pharaon, Thoutmosis Ier[2]. Mais malgré sa puissance, il n'avait rien perdu de sa bonté ni de sa simplicité qui faisaient de lui un juste.

Nefrou essuya le khôl qui avait coulé sur ses joues cuivrées, puis se leva pour rejoindre Basathis, le fils de Thôset. Celui-ci lui avait demandé de régler les détails des funérailles de son père. Cette tâche honorifique était lourde à porter et Nefrou le savait. Il réajusta les plis de son pagne et franchit d'un pas leste le portique à colonnes du palais.

Basathis l'attendait dans la salle de réception dont les murs étaient ornés de somptueuses fresques florales.

– Entre, mon ami, et viens partager mon chagrin, lui dit-il en désignant un large fauteuil en bois de cèdre.

– Par Osiris tout-puissant qui pèse l'âme des ancêtres, ma peine est trop grande pour t'exprimer mon insondable tristesse.

– Je le sais. Mon père t'aimait comme un fils et tu as su le lui rendre chaque jour de sa vie. Maintenant qu'il est parti vers l'Occident des Morts,

2. Thoutmosis Ier régna durant la XVIIIe dynastie (1560-1295 av.J.-C.).

il faut que nous préparions avec soin sa dernière demeure.

– Le tombeau est achevé depuis près d'une année. Il ne demande qu'à accueillir le sarcophage et les objets funéraires, répondit Nefrou avec émotion.

– Tout a été prévu. Mon père sera entouré des biens auxquels il tenait car il doit avoir dans l'au-delà la même existence qu'il avait ici-bas. Nous ferons fabriquer des *oushebtis*[3] qui, l'heure venue, travailleront à sa place sur les terres divines. Ses plus beaux chevaux seront momifiés afin qu'il puisse chevaucher dans les Champs d'Ialou[4]. Nous ensevelirons ses coffres de pierres précieuses, ses bijoux, ses lingots de cuivre, ses meubles ornés de nacre et incrustés d'or pour qu'il mène grand train parmi les dieux.

À ces mots, Nefrou sentit une angoisse terrifiante l'étreindre. Son regard se voila et le spectre des pilleurs de tombes envahit ses pensées.

Depuis plusieurs mois, ils sévissaient dans la vallée des Rois et dans la ville des Défunts. Les mécréants défiaient les sentinelles et les pièges dressés dans les galeries des tombeaux, puis ils vidaient les caveaux de leurs trésors. Ils n'hésitaient pas à profaner les sarcophages, à arracher

3. Figurines en bois peint représentant des domestiques munis d'outils.
4. Les Champs d'Ialou, tout comme la Vaste Prairie ou l'Occident des Morts, désignent l'au-delà.

les bandelettes de lin pour voler les colliers en or, à briser les doigts pour prendre les bagues. Certains utilisaient même les momies comme petit bois pour affronter les nuits froides du désert.

Cette pensée fit frémir Nefrou. Jamais il ne pourrait supporter qu'il en fût ainsi pour son maître. Car tout le monde le savait : si les voleurs s'emparaient des biens du défunt, celui-ci serait condamné à vivre tel un simple paysan. Il serait obligé de labourer lui-même les champs appartenant aux dieux. Mais cela n'était rien au regard de la mutilation du corps momifié. Sans jambes, sans bras, il lui serait impossible de mener une vie normale dans l'au-delà. Pire, si la momie était profanée, le *kâ*, l'âme du défunt qui voyage entre le monde des morts et celui des vivants, serait condamné à errer car il ne pourrait reconnaître le corps dont il était parti. Le jeune scribe en trembla d'épouvante.

– Que se passe-t-il Nefrou ? Tu es aussi pâle que ton pagne, lui fit remarquer Basathis.

– Je suis la proie d'un abominable pressentiment. As-tu entendu parler de ces violeurs de sépultures qui sévissent à Thèbes depuis près d'une année ?

– Qui ne les connaît pas ! Ces chiens s'attaquent à nos tombeaux sans que rien ni personne ne puisse les arrêter. Ils entrent et sortent des caveaux en toute impunité. À croire qu'ils sont les fils de Seth, dieu du mal et des ténèbres.

– Il n'y a pas un instant à perdre, poursuivit Nefrou angoissé. Les nouvelles vont vite à Thèbes.

La richesse de ton père était connue et je crains que sa tombe ne soit un lieu rêvé pour ces voleurs.

– Que pouvons-nous faire ? Dois-je prévenir les *madjoy*, nos policiers chargés de surveiller la capitale ? Dois-je lever une armée pour protéger la dépouille de mon père ? Je suis prêt à donner ma fortune pour qu'il vive en paix dans l'au-delà. Tu le sais, Nefrou.

– J'en suis sûr. Mais j'ai bien peur que ces précautions ne suffisent pas. Ils sont rusés comme le fennec du désert. Je crois néanmoins que le temps joue pour nous. Mon maître vénéré est mort ce matin même et je doute que les pillards soient déjà au courant. Alors, courons dès à présent chez l'architecte qui a conçu le plan de l'hypogée[5].

– Par les quarante-deux babouins d'Osiris, je ne comprends rien à ce que tu me racontes, mon ami.

– C'est très simple pourtant, s'impatienta le scribe. Rappelle-toi que je me suis toujours piqué de résoudre des énigmes. Te souviens-tu du bijoutier de Pharaon à qui l'on avait dérobé un collier en or incrusté de saphirs et d'émeraudes destiné à la grande épouse royale ?

– Parfaitement, cette histoire fit grand bruit en son temps.

– Eh bien, j'ai démasqué le coupable qui n'était autre que le bijoutier lui-même.

– Mais je l'ignorais !

5. Construction souterraine chez les Égyptiens.

– Ce ne sont pas des choses dont un scribe se vante… Ceci pour te dire que ces violations de sépultures m'intriguent depuis le premier jour. J'ai analysé les moindres détails de chaque pillage. Dans tous les cas, l'architecte qui a conçu les plans du tombeau a été enlevé dans les jours suivant la mort de son client.

– Et pourquoi s'en prendre aux architectes ?

– C'est aussi limpide que l'eau de pluie. Eux seuls connaissent les labyrinthes, les chausse-trappes, les parois coulissantes, les trappes hérissées de herses qu'ils ont installés le long des galeries menant à la chambre funéraire. En enlevant ces hommes et en les torturant, les pilleurs doivent certainement se faire remettre les plans.

– Quelque chose m'échappe… fit Basathis, songeur. Pourquoi ne volent-ils pas tout simplement les papyrus contenant les plans ? Ce serait beaucoup moins risqué.

– Justement, je n'en sais rien…

À ces mots, un silence sépulcral s'abattit sur la salle de réception. Basathis, soucieux, se leva et se dirigea vers la terrasse fleurie où il se laissa tomber lourdement sur un lit de repos. Deux serviteurs se précipitèrent aussitôt armés de larges plumes d'autruche, afin de l'éventer. Nefrou savait que le fils de son maître était fragile comme le roseau. Aussi ne pouvait-il compter que sur lui-même.

– Que faut-il faire, mon bon Nefrou ? Je m'en remets entièrement à toi comme l'aurait fait mon père.

– Mets à ma disposition une litière et des hommes aux jambes robustes pour que je puisse me rendre rapidement chez Sinoufer, l'architecte. Je lui expliquerai le danger qui le menace et les ramènerai, lui et sa femme, au palais afin qu'ils soient en sécurité.

– Il en sera fait selon tes ordres.

Les porteurs serpentaient le long des ruelles thébaines avec une habileté surprenante. Les passants s'écartaient sur leur passage et ne pouvaient contenir leur admiration devant une litière si richement décorée. Nefrou, dont la modestie était l'une des qualités, était gêné par tant de faste mais il savait que Basathis avait voulu lui prêter ce qu'il possédait de plus beau.

– C'est là, cria-t-il aux serviteurs. Attendez-moi ici, je n'en ai pas pour longtemps.

Nefrou descendit et passa entre les imposantes colonnes en marbre qui marquaient l'entrée de la villa de Sinoufer. Tout, ici, respirait l'opulence et la respectabilité. Les jardins arborés, les buissons savamment taillés, les parterres de fleurs aux senteurs délicates portaient la marque de sa réussite.

En effet, Sinoufer était l'architecte le plus réputé de Thèbes. Il s'était forgé un nom grâce à son génie des labyrinthes et des pièges funéraires qu'il construisait dans les nécropoles. Les vizirs, hauts dignitaires et autres notables, hantés par la peur de la profanation, avaient fait appel à son art. C'est ainsi que l'architecte avait fait sa fortune.

Nefrou était plongé dans ses pensées, quand un gémissement attira son attention. Il tendit l'oreille et se laissa guider par cette étrange plainte. Intrigué, il contourna un bouquet de figuiers et découvrit un spectacle qui le bouleversa. L'épouse de Sinoufer était effondrée en pleurs près du bassin de nénuphars. Il courut vers elle et s'agenouilla à ses côtés. Effrayée, la femme poussa un cri d'épouvante, tout en le frappant de ses poings fermés.

– N'ayez pas peur, je suis Nefrou, le scribe de mon défunt maître Thôset, tenta-t-il pour la calmer.

La femme suspendit son geste puis se remit à sangloter. Le jeune homme nota que sa longue robe en lin fin était souillée de terre. L'ocre rouge qui rehaussait ses lèvres avait été effacée par les larmes, tandis que le noir qui lui maquillait les paupières avait coulé sur ses joues.

– Que s'est-il passé ? demanda-t-il d'une voix douce.

Elle le regarda, égarée, comme si elle sortait d'un mauvais rêve.

– Aidez-moi, je vous en supplie. Des hommes viennent d'enlever mon mari.

Cette révélation ne fit que confirmer les craintes du scribe. Très délicatement, il l'aida à se relever et l'emmena jusqu'à la terrasse où il la fit s'allonger sur un lit de jonc recouvert d'un drap brodé.

– Je crois savoir pourquoi on a enlevé votre époux, dit-il en prenant place sur un tabouret pliant.

– Les plans du tombeau, c'est cela, n'est-ce pas ? soupira-t-elle en s'essuyant les yeux.

– Oui, mais comment le savez-vous ?

– Ce matin, mon mari était inquiet car la rumeur de la mort de Thôset avait fait le tour de Thèbes. Il savait que deux de ses confrères avaient été ravis par des brigands après le décès de leur plus riche client.

– Selon vous, pourquoi les enlèvent-ils alors qu'il serait plus rapide et moins risqué de voler les plans ?

– Les grands concepteurs de tombes dessinent toujours deux plans distincts. Le premier qu'ils remettent à leur client afin que le jour de ses funérailles, sa famille puisse acheminer le sarcophage et les objets funéraires jusqu'à la chambre mortuaire. Ce document permet également aux proches de ressortir et d'activer les mécanismes mettant en place l'ensemble des pièges. Ensuite, toute personne entrant par effraction restera à jamais prisonnière du caveau.

– Et le second plan ? demanda Nefrou.

– Celui-ci est tenu secret car il contient les informations nécessaires pour déjouer les obstacles dressés le long du labyrinthe. Personne ne le connaît sauf l'architecte et son client. Mais si les voleurs s'en emparent, la tombe devient aussi vulnérable qu'un nouveau-né.

– Et où est-il ?

– Dans la tête de mon mari ! Après avoir obtenu l'agrément de son client, il détruit systématiquement le précieux papyrus afin d'éviter que d'éventuels brigands ne le dérobent. Voilà pourquoi il a été enlevé. Lui seul connaît les secrets du tombeau. Ces monstres vont le torturer jusqu'à ce qu'il révèle tout. Mais je le connais mieux que personne. Il préfèrera mourir plutôt que d'avouer.

– Alertons la police de Thèbes, décida le scribe. Nous disposons de soixante-dix jours pour retrouver votre époux, le temps que les embaumeurs momifient le corps de mon maître. Les voleurs agiront uniquement lorsque le sarcophage et les biens de Thôset seront placés au cœur de sa dernière demeure.

– Que les dieux vous entendent, Nefrou.

Durant les deux mois qui suivirent la disparition de Thôset, Nefrou mena une enquête minutieuse afin de retrouver l'architecte. Il interrogea les voisins, les domestiques, les serviteurs et les collaborateurs de Sinoufer. Rien. Il ne récolta pas l'ombre d'un indice. Les ravisseurs avaient agi avec la plus grande discrétion. Cela ne fit que renforcer les convictions du scribe : il s'agissait bien d'une bande organisée.

Pour sa part, Basathis engagea à prix d'or une cinquantaine de sentinelles chargées de surveiller la tombe nuit et jour. Aucun être vivant, fût-il un lézard, ne pourrait y pénétrer sans que ses gardes ne le vissent.

Ces mesures apaisèrent l'angoisse du fils mais nullement celle de Nefrou. Il pressentait que les profanateurs attendaient leur heure pour agir. Ils avaient dû mettre à profit le temps que dure l'embaumement pour peaufiner les derniers détails de leur forfait. Mais ce qu'ils ignoraient, c'est que lui, le simple scribe, se dresserait sur leur chemin et y laisserait la vie s'il le fallait. Il l'avait juré devant Rê en remettant la dépouille de son maître aux embaumeurs de la « Belle Maison ».

Il leur avait recommandé de procéder comme s'il s'était agi de Pharaon lui-même. Aussi est-ce avec un soin minutieux qu'ils éviscérèrent le corps et le plongèrent dans un bain de natron durant plus de quarante jours. Ce fut Nefrou, en personne, qui choisit le lin des bandelettes qui entoureraient la momie de Thôset. Ce fut lui également qui sélectionna les meilleurs menuisiers afin que le mort repose dans un sarcophage digne de son rang. Il ne laissa rien au hasard pour que son maître puisse rejoindre paisiblement la Vaste Prairie sur les ailes d'Horus.

Debout devant le parvis du temple d'Amon, Nefrou était submergé par ses souvenirs où se mêlaient tristesse et rage. Mais aujourd'hui, jour des funérailles de son maître, il était tout à son chagrin. Les prêtres venaient de prononcer les phrases rituelles en fermant le couvercle du sarcophage. Ils placèrent le cercueil sur une litière et descendirent l'escalier d'honneur sous le regard affligé de Basathis et de Nefrou. Les pleureuses accompagnaient le cortège de leurs cris éplorés et se couvraient la tête de poussière tandis que les serviteurs placés derrière la litière portaient les bagages mortuaires.

Basathis avait tenu sa promesse. Les plus beaux objets, les chevaux momifiés, le mobilier, les bijoux, les coffres remplis d'or et de pierres précieuses, les vêtements, la nourriture et les *ousheb-tis*, allaient être ensevelis dans le cœur de la tombe.

En s'acheminant vers le Nil où les attendaient les barques funéraires, Nefrou ne put s'empêcher de repenser aux pilleurs de sépultures. Une question le tourmentait depuis plusieurs jours : quand bien même ils posséderaient le plan secret pour déjouer les pièges, comment pouvaient-ils sortir des tombeaux une fois qu'ils étaient scellés ? Plus il y réfléchissait, plus cela lui paraissait mystérieux.

– Tu as l'air songeur, remarqua Basathis en s'approchant de lui.

– Je crains que les mesures de sécurité que tu as mises en place ne servent pas à grand-chose.

– Oublions ceci le temps des funérailles, veux-tu ? Et assurons-nous plutôt que les trésors de mon père soient empilés correctement sur les navires.

– Tu as raison, répondit le scribe. Veillons à ce qu'il ne manque rien.

Finalement, les barques quittèrent le quai et descendirent le Nil sous un soleil de plomb. Les prêtres psalmodièrent des prières jusqu'au débarcadère où furent déchargés le sarcophage puis les objets funéraires. Les sentinelles s'écartèrent pour laisser passer la procession jusqu'à la rampe d'accès qui menait à l'hypogée. Là, la dernière demeure de Thôset était ouverte sur l'obscurité, telle une bouche béante.

– Nefrou, accepterais-tu que nous prenions ensemble la tête du cortège funèbre qui conduit dans les entrailles du tombeau ? lui demanda Basathis en tirant de son pagne le plan que l'architecte avait remis à son père.

– Comment pourrais-je refuser un tel honneur, murmura le scribe, la gorge nouée par l'émotion.

Les deux hommes franchirent l'enceinte de la tombe sans un mot. Les ténèbres s'écartèrent devant la flamme vacillante des torches que brandissaient les serviteurs.

Le fils du marchand et le scribe pénétrèrent dans le caveau en lisant attentivement le papyrus. Le labyrinthe était si complexe que sans le plan, il eût été impossible de s'y retrouver. Un seul faux pas et ils se perdaient dans ce dédale infernal. Les couloirs étaient tous semblables ou du moins le paraissaient-ils. Le granit s'élevait partout, implacable et menaçant.

Finalement, la procession arriva devant la chambre mortuaire. Le sarcophage fut déposé en son centre, puis on l'entoura des biens ayant appartenu au mort. Nefrou fut ému en voyant les fresques murales qui retraçaient l'existence de son maître. Au fil des murs, tout semblait revivre comme par enchantement. Les scènes de la vie quotidienne étaient fidèlement reproduites et le scribe se reconnut sur l'une d'entre elles. Il était assis près de Thôset, une tablette sur ses genoux et un calame à la main. L'effigie d'Anubis, le dieu à tête de chacal, veillait et protégeait l'entrée. Mais serait-ce suffisant ? Nefrou en doutait.

– Non, je ne peux pas laisser mon maître aux mains de ces violeurs de tombes, s'écria-t-il soudain en se tournant vers Basathis.

– Nefrou, le chagrin t'égare. Il faut que nous rentrions, maintenant.

– Fais ce que bon te semble. Moi, je reste.

– Es-tu devenu fou ?

– Non, je vais attendre les pilleurs le temps qu'il faudra. Je leur ferai payer leur sacrilège.

– C'est trop risqué, Nefrou. Comment feras-tu pour sortir puisque tu ne connais pas les pièges imaginés par Sinoufer ?

– Les voleurs, eux, les connaissent. Il me suffira de les faire parler.

– Et s'ils ne viennent pas ? suggéra le fils du marchand.

– Ils viendront, j'en suis sûr.

– C'est pure folie. Repars avec nous, ta place est parmi les vivants.

– N'insiste pas. Plus rien ne me fera changer d'avis.

Basathis se tut. Tant d'abnégation le toucha en plein cœur et l'emplit de honte à la fois. C'était à lui de veiller sur son père et non à Nefrou. Le constat était sans appel : il avait peur de mourir dans cette forteresse de granit.

– Approche, mon ami, dit-il au scribe. Prends cette bague en lapis-lazuli. Mon père me l'a offerte avant de mourir. Elle te portera chance.

Nefrou la prit, l'embrassa et la mit à son pouce.

– Je te la restituerai dès que je sortirai d'ici, affirma-t-il avec un pâle sourire.

– J'y compte bien ! Tiens, je te donne également ma dague[6]. Tu en auras peut-être besoin.

– Merci. Pars à présent et ne te retourne pas.

Basathis s'exécuta. Suivi de la cohorte des serviteurs et des prêtres, il rebroussa chemin en s'aidant du plan. Arrivé près de la sortie du tombeau, il poussa un long soupir, puis actionna la manette en bronze qui activait les pièges. En sortant, le soleil sur sa peau le ramena à la vie. Mais ses pensées allaient vers Nefrou.

– Fermez l'entrée, hurla-t-il.

Des pierres s'abattirent dans un grondement lugubre et assourdissant. La tombe était scellée pour l'éternité.

Nefrou n'avait plus aucune notion du temps. Combien de clepsydres[7] s'étaient écoulées depuis le départ de Basathis ? Une, cent, mille ? Il ne savait

6. Poignard à lame mince et très pointue.
7. Récipients gradués contenant de l'eau qui la laisse s'échapper par un trou. C'est ainsi que, pendant des millénaires, l'on a mesuré le temps.

plus. La torche qu'on lui avait laissée s'était consumée depuis longtemps. Assis sur les dalles glaciales en granit, il était seul à affronter le noir. Peu à peu un doute effroyable l'assaillit. « Et si je m'étais trompé ? pensa-t-il subitement. Et si les pilleurs ne venaient pas ? »

La mort flottait autour de lui. « Bientôt ce sera mon tour, mais je n'irai pas dans la Vaste Prairie car je ne serai pas momifié… Il faut que je bouge sinon je vais devenir fou. »

Il se leva, commença à marcher pour se réchauffer quand un choc sourd le fit tressaillir. Instinctivement, il se jeta à plat ventre et rampa pour se cacher derrière un coffre.

« Est-ce le *kâ* qui souhaite s'échapper du corps de mon maître ? » se demanda-t-il soudain. Si tel était le cas, il n'avait rien à craindre. Mais sans doute s'agissait-il de Nephtys, la déesse de la mort. Un frisson d'épouvante s'empara de lui lorsqu'un second craquement résonna dans le tombeau. Intrigué et alarmé à la fois, il se redressa sans faire de bruit. Mais la pénombre était telle qu'il ne pouvait voir quoi que ce soit.

« Il faut que j'en aie le cœur net. Ce n'est probablement qu'un rat. »

Il s'apprêtait à sortir de sa cachette quand des voix surgies de nulle part le clouèrent au sol. Au début, ce ne fut qu'un murmure qui, peu à peu, alla en s'amplifiant. Nefrou n'osait bouger de crainte de se trahir. « Par Isis et Osiris, on dirait des voix de femmes. »

Soudain, la flamme d'une lampe à huile jaillit des ténèbres. L'ombre des *oushebtis* se mit à danser sur les murs. Avec mille précautions, le scribe passa la tête au-dessus du coffre puis s'accroupit aussitôt. Ce qu'il venait de voir le stupéfia. Il n'en croyait pas ses yeux. Face à lui deux jeunes femmes venaient de sortir de deux sarcophages dans lesquels les chevaux de Thôset étaient sensés reposer à tout jamais. Fines comme des lianes, elles portaient des pagnes d'homme et leur poitrine était ceinte de lin. Leurs cheveux étaient soigneusement tressés. Pas une mèche ne dépassait. Nefrou, tenaillé par la curiosité, se pencha davantage. Il fut alors frappé par leur ressemblance.

« Des sœurs… » songea-t-il.

Il nota que la plus âgée portait un stylet à la ceinture.

– La prochaine fois, nous demanderons au menuisier de percer des trous plus importants dans le bois. J'ai bien cru que j'allais mourir étouffée, lança la cadette.

– D'autant que nous l'avons grassement payé, répondit l'autre en sortant un sac en toile du cercueil.

Nefrou commençait à comprendre leur stratagème. Les deux femmes s'achetaient la complicité des menuisiers, des embaumeurs, voire des serviteurs de l'architecte. Ces derniers étaient très habiles car ils n'avaient rien laissé paraître lors des interrogatoires serrés auxquels Nefrou les avait soumis. Ensuite, le moment venu, les sœurs pou-

vaient se glisser dans les sarcophages et pénétrer en toute impunité dans le tombeau. C'était extrêmement astucieux. Elles n'avaient plus qu'à sortir avec leur butin en suivant le plan extorqué de force au malheureux architecte.

Soudain, la voix d'une des filles le tira de sa réflexion.

– Dépêchons-nous, car nous devons quitter les lieux avant le lever du jour.

– Occupe-toi de la jarre. Moi, je me charge du coffre.

– Ne prenons que les biens de grande valeur, confirma la plus jeune. Autrement, nous serons trop chargées pour rejoindre la sortie. N'oublie pas que l'architecte nous a précisé que le labyrinthe était très long.

– Il était coriace celui-là, s'exclama l'aînée. La seule chose qui l'ait fait parler, c'est lorsqu'on l'a menacé de le jeter dans la mare aux crocodiles !

Les complices se mirent à rire bruyamment tout en pillant consciencieusement les trésors de Thôset.

– Tii, ma petite sœur, qui aurait pu imaginer que nous, les esclaves, enlevées à nos parents dès notre plus jeune âge là-bas, de l'autre côté du désert, nous allions devenir les femmes les plus riches de Thèbes, jubila-t-elle en faisant glisser des saphirs et des émeraudes entre ses doigts.

– Personne, sauf toi et moi, chère Merit. Te souviens-tu que nous rêvions déjà de vengeance quand nous étions enfants…

Nefrou enrageait de voir ainsi les biens de son

maître disparaître dans la besace des voleuses. Il n'avait plus un instant à perdre. Il devait agir vite et bien. Il s'en voulait de ne pas avoir élaboré un plan d'attaque. Mais tout s'était passé si rapidement ! Comment allait-il faire pour arrêter les pilleuses ? Il était seul, elles étaient deux. Il était armé, elles aussi. Le scribe se mit alors à réfléchir à toute vitesse.

« Si je les attaque de front, elles réussiront à m'échapper et je resterai prisonnier de la nécropole », pensa-t-il. Impuissant, il les regardait dévaliser le tombeau du riche marchand. « Il faut que je me calme, se sermonna-t-il. Je peux leur faire croire que je suis aussi un pilleur de tombe et leur demander de partager le butin avec moi. Non, non… C'est stupide ! Pourquoi accepteraient-elles ? Elles préféreront mourir ou me tuer plutôt que de partager. »

Nefrou aurait aimé se lever et marcher de long en large comme il en avait l'habitude pour se concentrer. Mais là, il était condamné à l'immobilité et le temps passait avec une rapidité vertigineuse. Il remarqua avec effroi que les sacs des jeunes femmes étaient presque pleins, ce qui signifiait qu'elles n'allaient pas tarder à sortir de la chambre mortuaire.

« Il ne me reste qu'une option, la plus risquée mais la plus judicieuse : les suivre à distance, finit-il par décider. Je marcherai dans leurs pas afin de contourner les obstacles. » Mais il sentait que s'il les perdait de vue ou si elles le démasquaient, c'en serait fini de lui.

Le cœur battant, il tenta de rassembler tout son courage et sa lucidité. Il n'avait pas droit à l'erreur. Le moindre faux pas lui serait fatal. Aussi allait-il devoir être léger comme l'air, souple comme le roseau et transparent comme l'eau du Nil pour se rendre invisible.

– Il est temps de partir, ordonna la plus âgée. Nous sommes plus chargées que des mules.

Nefrou, tapi derrière son meuble, observait les deux sœurs en retenant son souffle. L'aînée lisait le plan tandis que la cadette tenait la lampe à huile afin d'éclairer le précieux papyrus.

– Prenons la première galerie à droite. Sois prudente car ce Sinoufer est diabolique.

Le pouls du scribe s'accéléra quand il les vit disparaître dans la pénombre. Il fallait qu'il sorte de là au plus vite. Il compta jusqu'à dix et s'élança à pas de loup sur les traces des profanatrices. Courbé en deux, il n'était qu'à quelques mètres d'elles et il constata avec soulagement qu'elles n'avaient pas encore remarqué sa présence.

– Attention, la dalle sur ta gauche, s'écria Merit en pointant du doigt une chausse-trappe hérissée de herses.

À ces mots, le jeune homme sentit un faible espoir renaître. En effet, tout laissait à penser que l'aînée indiquerait oralement à sa sœur chaque obstacle à déjouer, chaque direction à emprunter. Ainsi pourrait-il savoir exactement où poser les pieds.

Au fil des corridors, des couloirs et des galeries, Nefrou comprit pourquoi son maître avait fait appel à Sinoufer. Cet homme était un génie. Pour protéger la chambre mortuaire, il avait constellé le labyrinthe de murs coulissants, de trompe-l'œil, de trappes grouillant de serpents, de dalles qu'il suffisait d'effleurer pour déclencher un éboulis de pierres. Chaque morceau de granit était un défi à la vie.

Brusquement, Merit s'arrêta devant un mur sur lequel avait été dessinée une porte surmontée de hiéroglyphes.

– C'est là, lança-t-elle. Passe-moi le levier qui est dans ton sac.

Tii s'exécuta sans un mot. Nefrou, resté légèrement en retrait, s'était accroupi derrière une colonne en granit et tentait désespérément de lire ce qui était inscrit sur la paroi. « *Ici s'ouvre le Chemin*… parvint-il à déchiffrer. C'est incroyable ! Comment n'y ai-je pas pensé plus tôt ? Tout s'explique maintenant ! »

En effet, le dessin qui se trouvait face à lui symbolisait la porte par laquelle le *kâ* du défunt pouvait aller et venir. Chaque architecte prévoyait une issue pour permettre à l'âme de voyager entre la terre et l'au-delà. En se faisant indiquer ce passage secret, les voleuses pouvaient sortir en prenant garde de ne pas se faire remarquer des sentinelles.

Effaré par ses propres déductions, il observait les gestes de Merit. Celle-ci avait passé une sorte de pieux dans un mince interstice puis avait fait levier très doucement. Quatre blocs de pierre basculèrent alors à la base de la porte du tombeau. Nefrou sentit la fraîcheur de la nuit lui caresser la peau. Il lui fallait agir très vite car ces diablesses allaient certainement refermer le passage derrière elles.

Jamais, en raison de son éducation et de sa fonction, il n'avait fait usage d'une arme. Mais seule cette solution s'imposait. Il inspira un grand coup et dégaina la dague que lui avait offerte Basathis puis se précipita sur la sœur cadette qui était la plus proche de lui.

– Ne bouge pas, hurla-t-il soudain à l'intention de l'aînée. Au moindre geste, j'égorge ta sœur.

Il savait naturellement qu'il n'en ferait rien, mais Merit, elle, l'ignorait.

– Tu nous a suivies, fils de chien ! Toi aussi, tu es un pilleur de tombe, laissa-t-elle tomber avec dégoût.

– Non, je ne suis rien de tout cela. Je suis Nefrou, scribe de Thôset, l'homme dont vous venez de piller le tombeau.

Sûre d'elle, la jeune femme le dévisagea et lui dit avec mépris :

– Partageons et quittons-nous au plus vite.

– Je crois que tu ne m'as pas compris. Je suis là pour que vous remettiez chaque objet à sa place afin que mon maître repose en paix.

– Jamais. Plutôt mourir, lui lança-t-elle au visage.

– Tu veux donc que je tue ta sœur, cria-t-il en s'efforçant de paraître menaçant. Je n'hésiterai pas à lui trancher la gorge.

La malheureuse Tii tremblait de tous ses membres. Des larmes commençaient à perler à la lisière de ses cils. Cela n'échappa pas à Merit.

– Très bien, capitula-t-elle à contrecœur. Lâche Tii et nous irons remettre les objets où nous les avons trouvés.

– Pas question, tu y vas seule. Moi, je reste ici avec ta sœur.

– Je ne pourrai pas tout transporter moi-même.

– Tu feras plusieurs voyages s'il le faut. Nous avons une grande partie de la nuit devant nous.

Nefrou la regarda s'éloigner avec le plan dans une main, la lampe à huile dans l'autre et la besace en bandoulière. Comme convenu, la jeune femme fit deux aller et retour sans dire un mot. Quand elle revint les sacs vides, elle avait l'air épuisée.

– J'ai respecté les termes de ton marché, dit-elle

en se plantant devant lui. Libère ma sœur et nous serons quittes.

– Pas si vite ! Tu n'imagines pas que vous allez vous en tirer à si bon compte. Tu oublies les architectes. Qu'en avez-vous fait ?

– Mon homme de mari les garde prisonniers sur une île du Nil.

Nefrou n'avait pas envisagé cette éventualité. Il fallait qu'il trouve une solution pour les faire libérer le plus rapidement possible.

– Voilà ce que je te propose, annonça-t-il enfin. Je renonce à vous livrer aux autorités. Mais à trois conditions : que vous relâchiez vos prisonniers, que vous restituiez les biens que vous avez volés et que vous disparaissiez définitivement de la région. Naturellement, je garderai ta sœur en otage le temps qu'il faudra.

– Ça jamais ! s'écria l'aînée.

– Très bien ! répliqua-t-il calmement. Je vais donc être obligé de livrer ta sœur aux gardes qui patrouillent dehors.

Nefrou fit mine de se diriger vers le trou béant tout en ceinturant Tii, effondrée en sanglots.

– Non, attends, s'écria Merit. Tu as gagné. Je ferai ce que tu m'as demandé. Mais qui me dit que tu ne nous tends pas un piège ?

– Je n'ai qu'une parole. Fais ce que je t'ai ordonné et je libérerai ta sœur immédiatement. Pars maintenant et prends garde à ce que les sentinelles ne te voient pas.

– N'aie crainte, petite sœur, tout sera terminé

avant demain soir, lança-t-elle en disparaissant dans la nuit.

Un doux zéphyr caressait la terrasse où Basathis et Nefrou déjeunaient.

– Nefrou, je te félicite. Vraiment, tu ne cesseras de m'étonner, s'exclama le fils de Thôset en découpant une tranche de pain au miel. Mais une question me brûle les lèvres…

– Je t'écoute, lui répondit le scribe.

– Pourquoi n'as-tu pas abandonné ces scélérates à mes sentinelles ? Ces hommes les auraient torturées afin de leur faire avouer où elles cachaient leurs prisonniers, puis ils les auraient livrées à la police.

– Je ne regrette pas mon geste car elles ont tenu leur promesse. Les biens ont été restitués aux familles des défunts et les architectes ont été relâchés. Ces malheureuses voulaient prendre une revanche sur la vie en pillant les tombeaux des plus riches. Je pense qu'elles ont bien retenu la leçon et qu'elles sont loin désormais.

– Tu es un sage, mon ami.

– Non, j'ai agi comme l'aurait certainement fait ton père. Tiens, je te rends sa bague, dit Nefrou en enlevant l'anneau de son pouce.

– Garde-la, tu la mérites plus que moi. Car en mourant, mon père a gagné un fils.

humour

Pupus

de Jacques Daniel

illustré Bruno Bazile

- 1 -

Je m'appelle Pusilanimus, du bas latin *pusillanimis*, mais on me surnomme Pupus. Je ne sais pas pourquoi on m'a affublé d'un nom aussi idiot. J'aurais pu m'appeler Titus, Jules ou César, comme tout le monde… Mais non, pour moi on s'est cassé la tête : Pusilanimus, en français pusillanime « *qui manque d'audace, de hardiesse* ». Merci !

Pusilanimus, alias Pupus… Pour un résultat pareil, ça valait bien la peine de se creuser la tête. Surtout quand on est supposé être, comme moi, le roi des animaux.

Autant vous dire que depuis ma plus tendre enfance, je n'ai jamais été considéré comme une terreur. Les autres lions me tapaient dessus à tour de rôle. C'était pour eux une sorte de passe-temps : quand ce n'était pas l'un qui venait me triturer pendant la sieste, l'autre urinait sur mon territoire (en gros, sur moi !). Les plus jeunes, les plus vaches, s'y mettaient à plusieurs pour m'arracher des touffes entières de crinière, si bien qu'à l'adolescence, j'avais plutôt l'air d'une autruche que d'un roi de la savane !

Il fallait voir la tête des lionnes, superbes d'ignorance lorsque je passais devant elles, pour comprendre le peu d'intérêt suscité par ma personne. Même les gnous me tiraient la langue. J'étais le déviant, la risée, le nul.

Oui, j'ai eu ce qu'on appelle une enfance difficile. « Un lionceau à problèmes » comme on disait dans la troupe. On me reprochait d'être doux comme un agneau, peu porté sur le carnage et passablement médiocre en égorgement. Les vieux zèbres malades me tendaient leur cou en signe de provocation (j'ai pourtant réussi à attraper la queue d'un mourant… une fois !), les phacochères ne me remarquaient même plus et les girafons me tournaient carrément le dos, ce qui évidemment faisait ricaner les hyènes !

C'est vrai que je restais parfois des heures, tapi dans les herbes hautes, à admirer la course des gazelles poursuivies par quelque prédateur. Quels sauts ! Quelle légèreté !

Bref, à force de brimades et dc tortures dans les coins, je décidai un jour de quitter la troupe. J'en avais assez. Se faire mordre à tour de bras, passe encore ; mais être réveillé pendant la sieste à grands coups de porcs-épics, lancés comme des bombes depuis les buissons, c'était trop. Forcément, ça pique ces bêtes-là !

Ainsi, un os de phacochère et quelques puces pour tout bagage, je quittai mes frères lions, lesquels me saluèrent de concert d'un pet vénéneux. Monde ingrat… Je cherchai un signe amical, une tête connue qui me dirait : « Ne pars pas Pupus ! Après tout on t'aime bien, tu es des nôtres ! Allez viens Pupus, fais pas la tête ! » En vain, ma mère n'était même pas là et mon père ronflait dans un coin.

C'est donc sans regret que je pris l'exil.

On m'avait toujours considéré comme un incapable, un raté, presqu'une hyène. Alors, je me suis dit que, n'ayant jamais rien réussi dans la savane, ça ne pouvait être pire ailleurs.

Bien m'en prit puisque, un jour, à l'orée d'un village d'hommes, je rencontrai mon premier, mon seul ami. Un petit d'homme au visage rond, avec des yeux noirs pétillants de malice et un cœur gros comme ça. Voyant que j'avais faim, il me donna la moitié de sa pâte de manioc. Pour moi, mâchouiller cette racine d'arbrisseau, ça faisait plutôt chewing-gum ; enfin, c'était sympa de sa part.

On est devenus amis tout de suite. Malgré sa petite taille et son poids (quelle plume quand il grimpait sur mon dos !), je crois qu'il n'a jamais eu peur de moi. Fait rare chez les hommes… Généralement, quand ils voient un lion, ils s'enfuient en courant ou lui jettent des javelots dans la gueule.

Tout petit, on nous apprend à nous méfier des bêtes qui se tiennent debout. Les singes encore, ils ne restent pas toujours sur deux pattes ; mais les hommes, quelle plaie !

Je préférai donc rester aux abords du village, certain que ses frères humains ne m'accepteraient jamais. D'autant plus qu'ils vivaient comme des sauvages ! Je passais mes journées seul, sous un arbre de la forêt. Je n'étais pas malheureux : mon ami venait me voir chaque jour, nous jouions ensemble jusqu'au coucher du soleil, et je le protégeais des mauvaises rencontres – quelques barbares qui, d'ordinaire, repartaient après une razzia. La belle vie !

Être le roi de la savane, je m'en fichais complètement. Pour la première fois de mon existence, j'étais heureux.

Mais tout ça, c'était avant. Avant que les hommes arrivent… Ils ont brisé notre rêve. Depuis, je cours après ce bonheur perdu, comme une gazelle après ses cornes. Ou quelque chose comme ça…

- 2 -

– Vingt sesterces, c'est donné ! vocifère Paulus Mercantilus.

– Donné, donné, répète le marchand romain en me jetant un œil torve, c'est vite dit ! Vingt sesterces, ça ne se trouve pas sous le sabot d'un âne !

– Pusilanimus n'est pas un âne ! Regardez plutôt comme il a fière allure !

Voilà Paulus Mercantilus qui flatte ma croupe, comme si j'étais un vulgaire poney ! Pas contrariant, j'exécute de bonne grâce quelques pas sur l'estrade, mais le marchand d'esclaves à qui il compte me vendre n'a pas l'air convaincu. Ma prestation est pourtant de tout premier ordre : même les hors-la-loi voués aux galères reculent devant ma prestance...

– Il est nul, votre Pusilanimus ! s'égosille le marchand. Regardez-le ! Non mais, regardez-le !

Quoi ?

Un énorme rire éclate au pied de l'estrade. Tous les citoyens de la cité sont venus admirer ceux qui combattront bientôt dans l'arène, avec les terribles gladiateurs. Ma prestation ne semble pas les impressionner outre mesure. Les imbéciles.

Pendant que mon maître vante mes mérites, entravé à mes chaînes, j'observe les lieux. C'est l'heure du marché, à Rome. À l'ombre des colonnes, les pas frénétiques des gens du peuple soulèvent une fine pellicule de poussière. Centurions bardés de casque et de fer, paysans en guenilles, enfants aux joues crottées, citoyens drapés, vendeurs de légumes et d'épices, professionnels des jeux du cirque ou simples curieux, ils sont des milliers à braver le soleil de midi.

Il faut dire qu'ici, on vend de tout. Moi, par exemple. Remarquez, j'ai l'habitude : on me brade environ deux fois par semaine. Le problème, paraît-il, c'est que personne ne m'achète. Je ne sais pas pourquoi. Mon style, peut-être : à la fois nonchalant et discret...

– Quinze sesterces, s'emporte Mercantilus. Je vous abandonne ce splendide spécimen pour quinze sesterces !

Surtout ne vous fiez pas à la mine désolée de Paulus Mercantilus : ce diable d'homme connaît son métier. Je l'ai déjà vu vendre un chameau si décharné qu'on ne distinguait plus ses bosses !

Comme le marchand romain hoche la tête, le voilà, furieux, qui m'ouvre la bouche pour montrer mes dents.

– Et ça ? s'énerve-t-il. Qu'est-ce que c'est ?

Très vite, je hurle : il va me décoller la mâchoire ce malade !

– Ah, ah, ah ! ricane le marchand en prenant la foule à témoin. Quinze sesterces ? Pour ça ? ! Qui dans cette ville lâcherait UN sesterce pour cette vieille carne.

Son insistance sur le « un » m'a vexé, mais je fais celui qui n'a pas entendu. Après tout, je ne suis pas censé les comprendre...

En attendant, la foule se fend d'un gloussement mesquin qui, en se propageant parmi les rangs serrés, grossit à la vitesse d'une épidémie. Bientôt, une véritable tornade de rires s'abat sur moi et mon maître qui, je le vois, n'est pas dans son assiette. Je toise mon monde, de l'air de celui qui en a vu d'autres, mais le regard noir de Paulus Mercantilus m'invite à la boucler.

De toute façon, je ne vois pas ce que je pourrais lui dire. On ne s'aime pas tous les deux, et depuis le premier jour : rien qu'à sa grosse tête tordue, ses yeux de vache folle et ses narines pleines de poils d'oursin… brrr, il me dégoûte ! Pire, il m'abîme les yeux.

Paulus Mercantilus : quarante ans, marchand ambulant, cruel et sauvage avec tout ce qui passe à portée de son fouet, toujours pas de femme et encore moins d'enfants – il est vrai que les gamins sur le bord des routes passent leur temps à lui jeter des cailloux !

Ce mauvais homme m'a acheté trois ans plus tôt, sur les côtes d'Abyssinie, à un marchand noir nommé Sanscrupulus, lequel nous avait capturés, mon ami et moi, alors paisiblement endormis à l'ombre d'un acacia parmi les girafes et les gnous.

Depuis trois ans, je suis hanté par cette nuit : Sanscrupulus et sa bande de va-nu-pieds qui nous tombent sur le dos, nous ligotent dans des filets hyper-costauds, avant de nous vendre à deux marchands différents… Ô pauvre ami, où es-tu aujourd'hui ? Dans quelle ville de l'Empire ? Dans quel cul-de-basse-fosse ? Quel…

Une violente torsion au cou me ramène brutalement à la réalité : c'est Paulus Mercantilus qui, couvert de honte, tire sur ma chaîne comme si j'étais un chien. Oh, Paulus ! Ça va ! Oh, oh !

J'ai beau faire le lion calme et détendu, ça ne prend pas. Sous une volée de tomates, nous quittons l'estrade où les esclaves enchaînés se tiennent à genoux, la tête basse pour éviter le fouet romain.

Mon maître n'est pas content : c'est la douzième fois cette année qu'il n'arrive pas à me vendre et la soixante-seizième depuis qu'on se connaît ! De fait, ce n'est pas la folle ambiance dans la charrette qui nous ramène au camp.

Paulus Mercantilus passe ses nerfs sur les bourriques qui nous tirent, se frayant un passage dans la foule compacte. La cité grouille d'hommes affairés, marchands de toutes sortes déambulant sur les pavés. Nous dépassons le sénat, tout de pilastre blanc et de marbre zébré. De la cage, je regarde le visage des gens, espérant croiser cet ami disparu qui me manque tant, mais personne ne fait attention à moi. Seul un chien errant se met à aboyer en m'apercevant derrière les barreaux. Brave bête ! Le mendiant qui se tient près de lui me crache dans la crinière. S'il croit que ça m'atteint, il se fourre le moignon dans l'œil.

Devant la statue de Jupiter à l'entrée de l'amphithéâtre, des Hercules de foire attirent les enfants. Paulus Mercantilus me traite de tous les noms, minus, minable, mijaurée ; je ne l'écoute pas. De toute façon, je n'ai pas à me justifier. Après tout, je suis un lion.

- 3 -

– Cette fois-ci, ça dépasse les bornes !

Paulus Mercantilus n'y va pas par quatre chemins.

– Pupus, je te préviens… C'est la dernière fois que tu provoques un fiasco pareil !

Je croise mes pattes avant en prenant un air ingénu, mais il me connaît le vilain :

– Tu crois que je ne t'ai pas vu tirer au flanc comme un Grec ! Bouffon, tu n'es qu'un bouffon de lion !

Il s'emporte… il s'emporte mais, au fond, il n'est pas mauvais bougre. Je louche pour tenter de le faire rire. Malheureusement Paulus Mercantilus ne sait pas rire : son fouet claque contre les barreaux de la cage, manquant de m'enlever la moitié du cuir chevelu – ma crinière, on s'en doute, est déjà en piteux état.

– Je loue des bêtes féroces moi, pas des chats empaillés ! Non mais regarde-toi, ma pauvre bête ! À qui comptes-tu faire peur ? ! Aux charrettes ? !

D'un habile coup de langue, je lèche ma grosse papatte : tiens, je me suis sali un coussinet…

– Imbécile ! s'égosille-t-il comme si j'étais malentendant. Jamais vu un lion pareil !

Je hoche la tête : ça va, j'ai compris… Aïe ! le voilà qui me claque la gueule avec son maudit fouet !

– Maintenant écoute-moi bien, Pupus. J'ai décroché le contrat du siècle pour combattre dans l'arène d'une des plus grandes villes de l'Empire romain : une lutte à mort avec des taureaux sauvages, des gladiateurs armés jusqu'aux dents et de braves esclaves que vous devrez *tous* mettre en pièces ! Il y aura des notables, des membres du sénat et tout un tas de gens susceptible de me rapporter beaucoup d'or !

À ces mots, son visage change : ses yeux mornes s'illuminent un instant, des dents jaunes apparaissent dans sa bouche toute tordue par la cupidité… Il a l'air complètement idiot le pauvre.

– Mais pour ça, reprend-il avec une ferveur jusqu'alors inconnue, il va falloir offrir un spectacle de qualité. De très haute qualité ! Car les personnes qui se déplaceront pour assister aux jeux du cirque exigent le meilleur de l'Empire : un beau carnage, avec des mises à mort horribles !

Ses yeux déjà rougis par le sang me glacent d'effroi. J'ébroue les restes de ma crinière, dégoûté.

– Pusilanimus, je te donne une dernière chance : ou tu massacres sauvagement au minimum cinq hommes, ou je t'emmène à l'abattoir et tu finis en pâtée pour chat. Au choix !

Et pour marquer le coup, il claque son fouet à deux centimètres de ma queue, déjà copieusement lacérée.

Les autres fauves, jusqu'alors tapis au fond de la cage, ricanent en douce. Un dernier regard menaçant de Paulus Mercantilus et le voilà qui tourne les talons, avec ses gros mollets trapus et sa culotte en cuir.

– Ah, ah, ah ! rugit Gnacus. Tuer cinq hommes, toi ? Ah, ah, ah !

Je ne vois pas ce qu'il y a de drôle. Gnacus est un abruti. Un abruti de deux cent cinquante kilos, certes, mais tout le monde ici reconnaît qu'il n'a pas inventé la poudre. C'est un simple bouffeur d'humains qui ne pense qu'à la gloire.

– Tu n'y arriveras jamais, se moque-t-il en prenant les autres à partie. Tu ne ferais pas de mal à une mouche ! Ah, ah, ah !

Pendant que les trois autres imbéciles roulés dans la paille imitent leur chef, je jette un œil fiévreux à Vénus. Alanguie sur le sol, sa jolie tête légèrement inclinée, elle me regarde en opinant d'un air maternel.

Comme ce regard ne me rappelle pas spécialement de bons souvenirs (la dernière fois que j'ai vu ma mère, elle ne m'a même pas reconnu !), je vais m'allonger dans mon coin de cage, morose.

– Crétin ! Pauvre cloche ! Minus !

Gnacus se dirige vers moi, profitant de sa supériorité physique pour m'humilier en public. Forcément, les trois imbéciles le suivent. Bientôt, chacun y va de son petit laïus :

– Mangeur de mouches !

– Crocs pourris !

– Escroc !

– Vendu !

– Charogne !

Assise à l'écart, Vénus ne prend pas part à leurs attaques. C'est tout juste si elle me traite de crottin et encore, du bout des babines. Dieu que j'aime sa moustache…

Vénus a été achetée à un vendeur de fauves égyptiens. C'est une lionne de haut rang ; il paraît même qu'elle logeait à la cour de la reine Cléopâtre, ou d'une de ses copines. Je ne sais pas comment elle a échoué parmi nous, des mangeurs d'hommes voués aux arènes de l'Empire. Une mauvaise rencontre sans doute.

J'aimerais bien la tenir dans mes pattes, la serrer fort en lui lapant les oreilles, mais j'ai peur qu'elle me croque – je l'ai vue dévorer un Gaulois, bigre, il ne faisait pas bon lui en demander un bout… Vénus n'est pas foncièrement malfaisante, elle est juste un brin nerveuse. D'un naturel gentil, il lui suffit d'un rien pour s'emporter, comme le jour où elle a fait quinze fois le tour de l'arène avec un gladiateur mort dans la gueule. Hormis ses petits coups de sang, elle est sympa.

Le véritable problème vient de Gnacus. Non seulement il a le monopole de Vénus mais, en plus, il nous empêche de lui parler. Pour communiquer, on s'envoie des clins d'œil. Enfin… surtout moi. Vénus feint d'y être insensible, mais je sais bien que sous son armure de muscles et de crocs se terre un cœur pur. Un cœur qui bat comme le mien, tout le temps. Tout est affaire de cœur dans la vie. Je l'ai découvert en rencontrant mon ami – ô mon pauvre ami, où es-tu aujourd'hui ?

Gnacus dépasse les bornes : après une bordée d'insultes que je n'écoute plus depuis belle lurette, le voilà qui urine sur mes pattes arrière, malencontreusement repliées sous moi.

Je rugis :

– Ça suffit Gnacus ! En voilà des manières !

Le coupable éclate d'un rire mauvais, vite imité par les trois lions qui lui servent de public.

– Je fais ce que je veux, Pupus ! Ici, la loi c'est moi.

La loi, voyez-vous ça ! Malgré sa terrible mâchoire et ses griffes de tueur, ce Gnacus commence à me chauffer les oreilles, au propre comme au figuré, puisqu'il est actuellement en train de me les tordre de toutes ses forces. Je finis par me rebeller :

– Arrête, sale brute !

– Plutôt perdre mes poils ! renchérit-il en ébrouant son énorme crinière.

J'ai les oreilles en feu. À bout de nerfs, je lance à mon pire ennemi :

– Tu veux que je dise à tout le monde que tu appelles ta mère la nuit ?

– QUOI ? ! rugit Gnacus qui fait déjà moins son malin.

– Tu veux que je dise à tout le monde que tu appelles ta maman dans ton sommeil et que tu pleures comme un bébé ?

Le roi de la cage fronce ses yeux jaunes, pleins de haine. Les autres écoutent et attendent maintenant sa réaction.

– Je vais te réduire en miettes, Pupus ! menace-t-il. Te pulvériser !

Sa rangée de crocs ne m'impressionne pas.

– Fais ça, lui dis-je, et Paulus Mercantilus t'enverra à l'abattoir à ma place. Il a besoin de moi dans l'arène, ne l'oublie pas ! Si tu me touches, il te fouettera jusqu'au sang avant de te transformer en chair à pâté !

La bave au croc, Gnacus rumine maintenant sa rage.

– Tu ne perds rien pour attendre, Pupus… Après le combat, je te jure que je te transforme en carcasse à vautour !

– Vautour de Pise ! lui rétorqué-je.

Il ne comprend pas : à part les trente-six façons de dévorer un homme, Gnacus est complètement inculte… Bougonnant, il retourne dans son coin sous le regard incrédule des trois imbéciles.

Je l'ai bien eu.

Enfin, je trouve un coin à peu près sec et je me couche. La patte sous le menton, l'esprit ailleurs, j'attends la nuit qui ne vient pas. Les autres dorment avant la tuerie qui nous attend.

Je n'ai pas faim.

- 4 -

Cinq heures du matin à la Lune. Je pense à mon petit pote à deux pattes. Il me manque. Avec lui près de moi, comme au bon vieux temps, j'aurais du courage. Tous les deux, nous trouverions une solution pour échapper à ces barbares. Alors que là-bas, ça roupille.

Entassés dans un coin de la cage, les collègues se moquent du lendemain comme de leur premier serpent à lunettes. Ils savent que, dans l'arène, ils gagnent à tous les coups. Trop facile, lorsqu'on pèse un quart de tonne. Du carnage, je vous dis. De la boucherie organisée pour amuser la foule. Moi, j'ai des scrupules. Je suis pacifiste… et végétarien : j'aime les fruits et les pistaches. D'ailleurs, si un jour vous voulez me faire plaisir, offrez-moi des pistaches, mais je m'égare.

Demain, si je tiens à mon matricule, je dois en zigouiller cinq.

Gnacus, en vrai pacha, est allongé sur Vénus. Comme chaque soir, il murmure des choses incompréhensibles à propos de sa mère. Mordicus ronfle, ainsi que les autres sauvages, Jigodagnus et Stektartarus, des jumeaux ramassés je ne sais où, pas plus développés du ciboulot qu'une moule d'élevage et encore, c'est insultant pour les lamellibranches.

Franchement, impossible de dormir. Je tourne en rond, je n'ai toujours pas faim. Enfin, quand le jour se lève, je suis lessivé parce que je n'ai pas fermé l'œil de la nuit.

Déjà, dans l'arène, on entend les premiers préparatifs. Les gladiateurs s'entraînent et je perçois d'ici les coups de glaive qui résonnent contre les boucliers. Apparemment, on va avoir droit au grand jeu. Ça me donne la chair de poule.

– Alors, la Terreur, me lance Gnacus qui vient de se réveiller, la forme pour le grand massacre ?

Je bâille.

– Oh, les jolies quenottes ! dit-il.

Dans un mouvement très synchronisé, je tourne le dos en haussant les épaules. C'est ma manière de réagir face aux abrutis. J'ai une longue expérience de l'humiliation en public.

Vénus me lance un regard affligé, mais je n'ose pas lui envoyer de sourire en retour, parce que Gnacus n'a pas mangé depuis trois jours. Je suis très vaillant, vous le savez, mais il y a des limites.

À ce moment-là, l'autre grand débile à la peau de navet fait son apparition. Il sautille d'allégresse et fait voler son fouet.

– Bonne nouvelle, les cocos, s'exclame-t-il, le repas est servi !

– Trop chouette ! salive Gnacus.

– On va s'en coller plein la panse ! confirme Stektartarus.

– Je vous laisse les Gaulois, prévient Jigodagnus. Moi, je ne digère pas les moustaches !

– En piste ! soupire Vénus.

– Ça tourne un peu, dis-je. À quelle heure ouvre l'infirmerie ?

Paulus Mercantilus claque son fouet à deux pouces de mon arrière-train. La poussière vole, j'éternue à cause de mes bronches fragiles, et il me menace :

– Souviens-toi de ce que je t'ai dit hier, Pupus ! Cinq ! Cinq, ou c'est la pâtée pour chat ! Et je veux des gros. Tu es prévenu.

Je n'ai plus le choix. Les autres ont déjà foncé dans l'arène. J'entends les hurlements de bêtes sauvages poussés par les humains, agglutinés les uns contre les autres. La clameur doit résonner jusqu'à Rome.

Ce coup-là, le fouet me mord le dos. Ça fait un mal de chien.

– De la pâtée pour chat ! beugle Mercantilus.

Bon. Ça y est les copains, priez pour moi, il faut que j'y aille. Allez Pupus, prends ton courage à deux pattes. Montre-leur de quoi tu es capable. Ce n'est qu'un mauvais moment à passer. Finalement, tu n'es pas obligé d'avaler. Il suffit de regarder ailleurs. Ça me rappelle, quand j'étais libre, l'histoire où… Aïe ! Il recommence, avec son fouet.

Allez, c'est parti. Je passe sous la voûte et j'entre.

Au début, je ne vois rien à cause du soleil. J'ai toujours été sujet aux conjonctivites. Il suffit d'une première infection mal soignée, et ça vous suit pendant des années.

Je fais encore deux pas et j'aperçois la montagne, tout au fond. C'est une espèce d'entonnoir fumant posé à l'envers, très impressionnant. Je ne me souviens pas avoir été à la montagne. Il paraît que l'eau gèle au sommet et qu'elle devient blanche comme du lait. Je ne l'ai jamais vu et, dans la vie, il faut se méfier des racontars…

Ouch, il m'arrache le dos !

– C'est bon, patron. J'y vais !

Maintenant, je distingue clairement l'arène, les gradins. C'est démoniaque ! Ils sont des milliers assis. Ils hurlent, ils lancent des machins ; j'en vois même deux qui se collent les doigts dans les yeux et qui s'arrachent les poils qu'ils ont sur la tête tellement ils sont survoltés. Des sauvages. Aucune tenue. Je les ignore. Et puisque je n'ai pas le choix, je m'intéresse à mon boulot.

Il n'en reste que deux. Alors là, c'est une blague ! Je ne vois pas comment je pourrais en croquer cinq, puisqu'ils ne sont plus que deux. Et encore, des adolescents. Une fille et un garçon.

La première est attachée à un poteau, au beau milieu de l'arène. Elle est « super canon » pour un humanoïde. D'habitude, je surveille mon langage, mais là, il n'existe pas d'autres mots : « super canon ». Brune aux grands yeux bleus, mignonne à croquer, si vous me pardonnez l'expression. Quant à sa bouche, je ne peux pas la voir, elle est bâillonnée.

L'autre, plus costaud, a la peau noire et des mollets puissants. Il tient un glaive et fouette l'air en poussant de drôles de cris. Je n'aperçois pas son visage parce qu'il me tourne le dos.

Les collègues ont la bave aux lèvres. Ils discutent entre eux. Apparemment, il y a un problème. Gnacus s'est réservé la fille, mais Mordicus a l'air d'en faire tout un fromage.

– Je ne vois pas pourquoi tu aurais toujours les meilleurs morceaux, argue-t-il.

– Parce que je suis le chef ! rétorque Gnacus.

– Ah ouais ? s'en mêle Jigodagnus. Prouve-le !

– Bon, tempère Vénus, si vous voulez, on vote.

– Pas sûr, proteste Stektartarus. La démocratie, c'est un système pour les bêtes à deux pattes. Moi, j'opte plutôt pour la loi du plus fort, beaucoup plus radicale. Vous ne trouvez pas ?

– Faut voir, dit Vénus.

– Ouais, confirme Gnacus. Beaucoup plus efficace.

– Exact, opine Jigodagnus.

– Pas d'accord ! reprend Mordicus.

Ils m'ignorent et, finalement, ça vaut mieux ; comme ça, je me sens dégagé de mes obligations.

Soudain, on entend des trompettes. Comme par magie, les gradins deviennent silencieux. Tout en haut de la tribune d'honneur, derrière une espèce de balcon tendu de rouge, un gros homme se lève. À première vue, c'est le chef. Tous les visages se tournent vers lui et il se met à parler. Je ne comprends pas tout parce qu'il est loin et qu'il parle un latin très pur, mais ce qu'il dit n'a pas l'air de plaire au petit gars aux mollets puissants qui le traite de noms d'oiseaux, des espèces totalement inconnues.

Et voilà que ça dégénère chez les fauves : Mordicus saute sur Gnacus. Alors là, les copains, moi je jubile. Je me pose sur mes pattes arrière et je profite du spectacle, aux premières loges. Les deux lions font des roulés-boulés dans la poussière. Ils rivalisent de méchanceté et autres coups bas. Ils grognent, vitupèrent et rugissent tant qu'ils peuvent. On n'arrive pas à savoir qui a le dessus.

Mercantilus sort alors de nulle part. Il est écarlate.

– Mais qu'est-ce que c'est que ces manières ? hurle-t-il. Vous voulez qu'on se retrouve tous au chômage ? !

– Toi, grogne Vénus, je te conseille de ne pas t'en mêler…

Évidemment, Mercantilus ne parle pas notre langage. C'est dommage pour lui. Depuis tout ce temps, je trouve qu'il aurait pu faire un effort. Du coup, il continue à avancer. Tant pis pour lui…

– Je t'aurai prévenu, remarque Vénus en lui sautant à la gorge.

Quelle souplesse ! ne puis-je m'empêcher de commenter.

Un corps d'athlète, cette Vénus. Elle ne fait qu'une bouchée de Mercantilus qui, entre nous, l'a bien mérité. Bref, il est rapidement transformé en pâtée pour chat.

Une hystérie collective gagne la foule en délire qui se met à hurler. Un type, probablement le chef, envoie ses légionnaires pour séparer les lions. Ils sont une bonne trentaine, armés de lances et protégés par de lourds boucliers qui scintillent au soleil. C'est tellement beau que j'en verserais presque une larme. Dans la pagaille, le petit gars aux mollets puissants libère la jeune fille. Il tranche ses liens d'un coup de glaive et… Ces mollets, nom d'un gnou, je les reconnais… C'est Nabil ! Mon copain de toujours !

– Nabil !

De ma vie, je n'ai jamais rugi aussi fort. Nabil fait un bond de deux mètres, et Vénus me lance un regard, difficile à décrire. Un regard rempli d'admiration. Il faudrait être myope comme une taupe pour ne pas s'en apercevoir.

En entendant mon rugissement, les légionnaires se sont arrêtés net. Ils se replient et j'en vois certains dont les genoux s'entrechoquent.

Dans les gradins, on ne s'entend plus. Les cris d'excitation se sont transformés en glapissements d'effroi. Je suis devenu la Terreur, le roi de la jungle. Les gradins se vident à une vitesse phénoménale.

Les gens lèvent les bras au ciel. Ils prient leurs dieux (je ne vous en dresse pas la liste tellement ils en vénèrent), cavalent, fuient, se bousculent et se marchent dessus. Les lâches abandonnent l'arène, terrorisés. Grâce à qui ? À moi, Pupus !

Je leur remets un terrible rugissement – cela fait trop longtemps que je ne me suis pas autant amusé –, et bientôt les gradins sont vides. Je me retourne vers Nabil : il a disparu. En fait, il n'y a plus personne. Le cirque est totalement désert.

Alors je regarde la montagne. L'entonnoir crache des flammes monstrueuses précédées par des jets de poussière.

Et moi qui croyais…

– Alors, beau gosse, lance une voix derrière moi, on rêve ?

– Vénus !

– En personne, répond-elle. Tu veux que je te dise, Pupus ? Ça fait un bon moment que je t'observe. Je savais que tu n'étais pas un couard. Tu as un rugissement du tonnerre.

– Ouais, dis-je avec grande modestie, j'ai toujours rêvé d'être un artiste.

– On part ensemble ? me demande-t-elle.

– Quand tu veux, ma belle !

Et voilà. On s'éclipse tous les deux. Une fuite éperdue à travers les rues de la ville. Les gens nous laissent passer parce que je pousse mon cri qui paralyse. Très vite, on atteint les collines voisines. On file comme le vent, l'un à côté de l'autre. Il n'y a rien de mieux que la liberté.

Plus tard, nous rejoignons Nabil sur une hauteur. Les retrouvailles sont très émouvantes. Il a volé un cheval et a enlevé Sicilia, sa princesse. Très jolie, je vous l'ai déjà dit, mais je préfère Vénus. Vénus n'a pas son pareil pour me ronronner à l'oreille.

Je ne sais pas si vous êtes au courant mais, aujourd'hui, Pompéo la Grande est totalement recouverte par les cendres. Pas une âme qui vive.

Quant à nous, je ne peux pas tellement vous dévoiler où nous sommes. J'ai promis à Nabil. Tous les matins, moi, je vocalise. Je me prépare pour un tour de chant, car Nabil m'a juré que nous rentrerions bientôt au pays. Vénus, elle, est devenue végétarienne. On se gave de pistaches et on bronze au soleil.

Franchement… j'adore les pistaches !

histoire vécue

Le festin d'Esther

de Marie Bertherat
illustré par Patrick Deubelbeiss

Esther tira l'aiguille qu'elle venait de piquer dans la toile, puis leva les yeux vers son amie Rachel. Une bonne dose d'incrédulité se lisait dans son regard.

– Tu me fais marcher ! s'écria la jeune fille.

– Pas du tout ! Pourquoi irais-je inventer une chose pareille ? protesta Rachel. Assuérus[1] a bel et

1. Nom donné dans la Bible à Xerxès Ier, roi de Perse (486-465 avant J.-C.).

bien répudié Vasthi ! Tu sais, ce n'est pas la première fois qu'un roi renvoie sa reine.

Esther soupira. Décidément, les mœurs de ce nouveau pays ne cesseraient jamais de la surprendre. Au royaume de Judée, son pays natal, elle était sûre qu'un tel événement ne se serait jamais produit, du moins elle l'espérait.

– Quelle faute Vasthi a-t-elle commise pour mériter d'être ainsi bannie ? s'enquit-elle.

Rachel prit un air mystérieux :

– Elle a désobéi au roi…

Esther attendit la suite, qui ne tarderait sûrement pas, car son amie avait la langue bien pendue. Depuis que les jeunes filles s'étaient rencontrées sur la place du marché, Rachel venait tous les matins dans la grande maison de brique qu'Esther occupait avec son oncle Mardochée dans le quartier juif de la ville de Suse[2]. Elle lui racontait alors avec verve les derniers commérages. Grâce à Rachel, Esther apprenait à connaître les coutumes de la Perse, son pays d'adoption. Le royaume d'Assuérus était vraiment différent de la Judée qu'elle avait dû quitter quelques mois auparavant. Comme prévu, Rachel reprit :

2. En 587 avant J.-C., le roi de Babylone, Nabuchodonosor, détruisit Jérusalem, la capitale du royaume de Judée. Il força ensuite les Juifs à s'exiler. Parmi eux, certains s'installèrent à Suse, devenue un siècle plus tard la capitale du royaume perse (vainqueur des Babyloniens en 539 avant J.-C.).

– Tu te souviens du grand banquet qu'Assuérus a donné pour son anniversaire ?

Esther fit signe que oui.

– Eh bien, à la fin du dîner, le roi a fait appeler Vasthi. Tu comprends, il voulait montrer à ses invités comme sa femme était belle.

– Et alors ?

– Elle a refusé ! asséna Rachel, riboulant des yeux à la façon d'une comédienne.

– Vraiment ? !

– Puisque je te le dis ! Le roi était fou de rage. Tu penses, quel mauvais exemple pour la population ! Imagine si toutes les épouses se mettaient en tête de résister à leur mari…

Esther crut déceler dans la voix de son amie un soupçon d'ironie qui la choqua légèrement. Après tout, les femmes devaient bien obéir à leur mari, c'était ce qu'on lui avait toujours appris. Cependant, le comportement d'Assuérus gênait Esther, il lui paraissait un peu exagéré. Et puis la jeune fille comprenait la réaction de Vasthi. Elle non plus n'aurait pas voulu s'exhiber devant tous ces hommes en train de festoyer, dont la plupart étaient sans doute à moitié ivres. Aussi déclara-t-elle à voix basse, comme si des oreilles indiscrètes pouvaient l'entendre :

– J'aurais sans doute agi de la même manière que Vasthi !

Rachel éclata de rire. La confidence de son amie ne l'étonnait pas. Cela faisait peu de temps qu'elle fréquentait Esther, mais elle connaissait son caractère entier. Rachel, pour sa part, était d'un tempérament plus pragmatique et ne s'en cachait pas.

– Moi non ! s'exclama-t-elle. Être l'épouse du roi de Perse, cela vaut bien quelques sacrifices, tu ne trouves pas ?

– Rachel, tu n'as aucun amour-propre ! gronda Esther.

– Bah, j'ai les pieds sur terre !

Un silence s'installa dans la pièce tandis que les jeunes filles reprenaient leur ouvrage. Elles travaillaient vite, avec habilité, habituées depuis leur plus jeune âge aux travaux d'aiguille. Rachel cousait son trousseau car elle devait bientôt épouser l'un de ses cousins, un jeune joaillier. Quant à Esther, elle reprisait la tunique que son oncle Mardochée revêtirait pour le shabbat[3].

– Et toi, quand vas-tu te marier ? demanda soudain Rachel après avoir coupé avec ses dents le fil au ras du tissu.

– Quand mon oncle l'aura décidé, répondit calmement Esther.

– Alors ce n'est pas pour tout de suite. Mardochée tient trop à toi pour te laisser partir.

– Tu te trompes, mon oncle n'est pas égoïste. C'est un homme bon et généreux. Bien que

3. Repos que les Juifs observent du vendredi au coucher du soleil, jusqu'au samedi au coucher du soleil. C'est un temps de joie et de recueillement consacré au culte divin.

pauvre, il m'a recueillie à la mort de mes parents, alors que rien ne l'y obligeait.

– Puisque tu le dis ! En tout cas, la place de la reine est à prendre, si ça t'intéresse…

– Tu plaisantes !

– À moitié ! Figure-toi que les messagers d'Assuérus parcourent déjà les rues de Suse à la recherche de jolies filles.

Esther haussa les épaules.

– Cela ne me concerne pas, je ne suis pas une jolie fille.

– Ne raconte pas n'importe quoi, Esther, tu es ravissante ! Pas une fille du quartier ne t'arrive à la cheville.

– C'est toi qui racontes n'importe quoi !

– Tu n'as donc jamais remarqué comment les garçons te mangent des yeux ?

Esther fronça les sourcils et se mordit la lèvre. Parce que son oncle Mardochée ne lui avait jamais fait aucun compliment, elle n'avait jamais pensé qu'elle pouvait être belle. Mais la remarque de Rachel l'avait troublée. Son amie avait raison, depuis quelque temps les hommes la dévisageaient effectivement avec une curieuse insistance… Peut-être ferait-elle mieux d'éviter tout à fait de sortir de chez elle. En tout cas jusqu'à ce que le roi ait pris femme.

Le lendemain matin, deux envoyés d'Assuérus frappèrent à la porte de la maison du Juif Mardochée. Ce dernier s'étant absenté, Esther vint

leur ouvrir. Découvrant celle qu'ils cherchaient, ils lui ordonnèrent aussitôt de les suivre au palais. Esther protesta, mais ils ne l'écoutèrent pas et l'entraînèrent de force, sans comprendre pourquoi cette jolie fille se rebiffait. Toutes celles qu'ils avaient jusqu'à présent sélectionnées étaient ravies d'avoir une chance de devenir reine. Pourquoi pas celle-ci ?

L'oncle Mardochée fut rapidement mis au courant de l'enlèvement de sa nièce. La nouvelle, loin de le réjouir, l'accabla et l'inquiéta. Il ne croyait pas que marier sa nièce à un roi, surtout de Perse, fût une chance. Qu'allait-il advenir d'Esther dans ce climat d'immoralité qui régnait à la cour d'Assuérus ? Et comment, prisonnière au palais, allait-elle pouvoir respecter les principes de la religion juive qu'il lui avait inculqués ? N'allait-elle pas devoir manger des aliments impurs ? Pourrait-elle respecter le repos du shabbat ? C'étaient des questions importantes pour Mardochée. En effet, contrairement à certains enfants d'Israël qui avaient adopté les mœurs des Perses depuis qu'ils s'étaient établis dans leur royaume, lui était resté profondément fidèle à la religion du peuple hébreu.

La nuit qui suivit la disparition de sa nièce, Mardochée fit un songe. Il rêva de Sara, l'une des ancêtres du peuple juif. Femme d'Abraham, Sara dut se laisser séduire par le pharaon d'Égypte pour sauver son peuple. À son réveil, Mardochée s'interrogea sur le sens de son rêve. Esther était-elle appelée à connaître le même sort que Sara ? Serait-il possible qu'elle ait été choisie pour être reine d'un pays qui n'était pas le sien, afin de servir son propre peuple, les fils et les filles d'Israël ? Parce qu'il croyait aux songes, Mardochée s'habilla en hâte et courut au palais.

La prisonnière écouta le messager de son oncle sans comprendre. L'homme lui répéta une deuxième fois les paroles que Mardochée lui avait demandé de rapporter à sa nièce : « Rappelle-toi Sara, et ne révèle à personne que tu es juive. » C'était toujours aussi obscur, néanmoins Esther hocha la tête et remercia le messager. Mais une fois seule, elle tâcha de réfléchir. Pourquoi devait-elle cacher sa religion ? Et pourquoi devait-elle penser à Sara ? Elle se remémora l'histoire de la femme d'Abraham contée dans la Torah, le grand livre de la religion juive. En acceptant de se taire et de souffrir, celle-ci avait sauvé son peuple… L'oncle Mardochée voulait-il lui dire qu'elle aussi allait devoir se sacrifier pour défendre les Juifs ? Cette pensée la troubla profondément. Toute la journée, dans cette partie de la citadelle où les jeunes filles étaient rassemblées, Esther tourna et retourna dans sa tête l'ordre de son oncle.

Hégé, l'eunuque[4], gardien des vierges du palais, ne tarda pas à remarquer cette fille à l'air soucieux. Elle n'était vraiment pas comme les autres. Elle semblait si sérieuse ! Et contrairement à ses compagnes, elle ne réclamait rien et restait à l'écart, silencieuse. Il se prit bientôt d'affection pour elle et décida d'en faire sa protégée.

Grâce à Hégé, Esther se trouva installée dans l'un des plus beaux appartements de la maison des femmes, avec sept suivantes à sa disposition. Tous les jours, ces dernières la baignaient puis l'enduisaient de toutes sortes d'huiles, de baumes et d'onguents afin de parfaire sa beauté.

Cela n'empêchait pas Esther d'être affreusement triste. Son amie Rachel et son oncle Mardochée lui manquaient terriblement. Prisonnière dans la citadelle, elle ne pouvait les voir. Et elle était très

4. Homme châtré qui gardait les femmes dans les harems.

inquiète, car quelle serait sa vie si Assuérus la choisissait pour femme ?

Hégé entra en coup de vent dans la chambre d'Esther.

– Esther ! C'est le grand soir !

La jeune fille sentit son cœur se serrer. Cela faisait maintenant douze mois qu'elle attendait et craignait cet instant. Elle allait être présentée au roi. Beaucoup de ses compagnes avaient déjà subi cette épreuve, mais aucune n'avait eu la chance de plaire à Assuérus. Ces dernières passeraient le reste de leur vie au palais car, une fois touchées par le roi, nul autre homme n'avait le droit de les épouser.

– Je mettrai une robe de lin blanche et aucun bijou, annonça-t-elle, l'air décidé.

Hégé fronça les sourcils. Quelle drôle d'idée ! Les autres filles avaient paru dans des robes somptueuses, couvertes de colliers, de bagues et de bracelets. Esther n'avait aucune chance dans une robe de lin blanche… Mais soudain l'expression d'Hégé changea. Un éclair de malice passa dans son regard. Et si Esther avait raison ? Une robe toute simple, sans fanfreluche, c'était peut-être une bonne idée. Le roi cherchait une femme particulière, différente des autres. La modestie d'Esther pourrait bien le séduire.

Assuérus passa la main sur son front. Il se sentait fatigué, épuisé même. Régner sur cent vingt-sept provinces lui pesait plus que les autres soirs. Si seulement il était moins seul, mais ceux qui vivent au sommet sont condamnés à la solitude. Il le savait depuis longtemps. Assuérus était tellement las qu'il avait presque envie d'annuler la visite de la vierge du jour. Il en avait assez de voir défiler ces filles insipides. Mais c'était impossible. Il avait beau être roi, il avait plus d'obligations qu'aucun autre homme. Trouver une épouse était une nécessité absolue. Pour se donner du courage, il avala d'une traite la coupe de vin jaune et parfumé que l'échanson venait de lui servir et ordonna qu'on fasse entrer la jeune fille.

Au premier regard, Assuérus la jugea quelconque. Elle portait une robe blanche toute bête qui lui donnait un air un peu niais. Il était près de la renvoyer sur-le-champ d'un geste de la main tant il se sentait éreinté quand il s'aperçut qu'elle le regardait. Alors que les autres jouvencelles entraient toujours les yeux baissés, celle-là, dans sa robe idiote, le fixait même avec intensité. Il faillit se mettre en colère et châtier son impudence, mais changea brusquement d'avis.

– Approche ! ordonna-t-il.

La vierge s'avança et s'inclina.

– Quel est ton nom ?

– Esther, fit-elle.

Elle avait une voix claire comme de l'eau de roche, dénuée de toute espèce de manières. Décidément, cette fille l'intriguait. Contrairement aux autres candidates, elle n'avait pas l'air de chercher à lui plaire. Maintenant que la jeune femme était tout près de lui, il s'aperçut qu'elle n'était pas du tout quelconque. Ses traits étaient même d'une rare pureté et ses yeux sombres étirés vers les tempes brillaient d'intelligence. Quant à sa peau incroyablement lisse, elle évoquait celle d'une pêche. Comment avait-il pu se tromper à ce point ? Soudain, la réponse lui apparut comme une évidence : cette fille n'était pas consciente de sa beauté. Si bien qu'elle ne se comportait pas en séductrice et qu'un regard distrait pouvait la juger fade. Dire qu'il avait failli passer à côté d'une telle merveille !

Une semaine plus tard, le roi Assuérus posait le diadème royal sur la tête d'Esther. Il ne savait rien d'elle, n'ayant pu obtenir de la jeune fille aucun renseignement sur ses origines, mais il s'en moquait. Son délicat visage, son corps aux formes parfaites, sa voix cristalline lui suffisaient.

Mardochée n'assista pas aux noces de sa nièce, et cela lui coûta. De même que voir Esther mariée en dehors de la religion juive lui fit une peine immense. Il se consola en priant et en se rappelant son rêve : sa nièce était sans doute appelée à une destinée hors du commun.

Tous les jours, depuis le mariage, le vieux Juif se rendait aux portes du palais pour avoir des nouvelles de la jeune femme. Il devait parfois attendre plusieurs heures, assis devant les grilles, avant d'obtenir les renseignements espérés. C'est au cours d'une de ses visites qu'il entendit deux soldats de la garde royale discuter à voix basse en persan. Ceux-ci étaient persuadés que le vieil homme ne pouvait les comprendre, mais Mardochée était un érudit qui connaissait les soixante-dix langues du monde. C'est ainsi qu'il découvrit qu'ils préparaient un complot contre le roi.

L'oncle d'Esther fit aussitôt passer un message à sa nièce afin qu'elle prévînt immédiatement Assuérus du danger qui le guettait. Le roi écouta les révélations de son épouse avec stupéfaction. Une conspiration ! Il n'avait vraiment pas besoin de cela, il avait déjà tellement de soucis. Les Grecs en particulier lui causaient de gros problèmes. Mais comment Esther avait-elle eu vent de ce projet d'attentat ? La jeune reine, qui avait prévu cette question, expliqua le rôle de Mardochée tout en prenant soin de ne pas révéler leur lien de parenté. Le vieil homme, prétendit-elle, avait été son voisin.

La réponse d'Esther sembla convaincre le roi. C'est ainsi que les deux conspirateurs furent envoyés au gibet tandis que le service rendu par le Juif Mardochée fut consigné dans les Chroniques du royaume. Le roi décida également d'engager un homme fort au palais pour se protéger. L'un de ses conseillers lui recommanda un certain Aman. Extrêmement riche et particulièrement ambitieux, ce dernier ne tarda pas à convaincre Assuérus de le nommer Premier ministre.

De son côté, tous les jours Mardochée continuait à venir s'asseoir devant les grilles du palais. Depuis son poste d'observation, il apercevait souvent Aman. Il remarqua qu'à son passage, les gens s'empressaient de se prosterner. Il en demanda la raison. On lui répondit que c'était une obligation, le nouveau Premier ministre exigeait de tous ce signe de soumission. Mardochée secoua la tête, l'air désapprobateur.

Un matin, Aman passa devant le vieil homme et constata que celui-ci ne se jetait pas à ses pieds. Furieux, il lui ordonna de mettre un genou à terre. Imperturbable, Mardochée répliqua :

– Je ne me prosterne que devant Dieu[5] !

Aman pâlit, puis rougit. Il aurait volontiers giflé le vieux Juif, mais se contint. Il avait mieux à faire. Le puissant ministre d'Assuérus rumina sa vengeance pendant plusieurs jours. Il voulait en effet une punition grandiose. Un acte qui humilie véritablement Mardochée et lui fasse définitivement passer le goût de la rébellion.

Aman demanda audience au roi.

– Au milieu des populations, et dispersé dans toutes les provinces de ton royaume, commença-t-il, il y a un peuple à part qui ne respecte pas tes lois et nuit à tes intérêts ainsi qu'à ceux de tes sujets.

5. Cette déclaration affirme la foi exclusive de Mardochée au Dieu unique de la religion juive.

– Ah oui ? Quel est donc ce peuple ? interrogea Assuérus avec curiosité.

– Les Juifs ! éclata Aman. Les Juifs font le malheur des Perses. Qui détient le commerce du royaume ? Les Juifs ! Qui possède de vastes propriétés ? Les Juifs ! Qui s'infiltre partout et accapare les plus hautes fonctions ? Les Juifs ! Qui cuisine une nourriture qui empeste le voisinage ? Les Juifs !

Assuérus contemplait d'un air perplexe son Premier ministre à présent rouge de colère.

– Comment une minorité peut-elle exercer tant d'influence sur mon royaume ?

– Parce que les Juifs se serrent les coudes, susurra Aman, la langue chargée de fiel. Je te le dis, ô roi, pour ta sauvegarde et celle de notre peuple, les Juifs doivent disparaître ! Je te demande de bien vouloir signer un décret m'autorisant à les exterminer et en échange, ajouta le Premier ministre d'un air fourbe, je verserai dix mille talents d'argent[6] au compte du Trésor royal.

Le roi passa la main sur ses joues râpeuses et bâilla. Comme il se sentait fatigué ! Cela faisait longtemps qu'il n'avait pas eu une bonne nuit de sommeil réparatrice… Il réfléchit à tout ce qu'il aimerait faire avec la petite fortune que lui proposait son Premier ministre. Il pourrait bouter les Grecs hors de Perse et éviter que ce minuscule

6. Somme énorme, estimée à trois cents tonnes d'argent pur ou aux deux tiers du revenu annuel de l'Empire perse.

pays n'absorbe son empire comme il menaçait de le faire. Oui, il serait stupide de refuser une telle offre. D'ailleurs, ne faisait-il pas toute confiance à son Premier ministre ?

Le roi ôta de son doigt l'anneau royal surmonté de l'effigie d'Ahoura-Mazda[7] et le tendit à Aman :

– Je te donne les pleins pouvoirs. Fais comme bon te semble !

À ces mots, le Premier ministre ne se sentit plus de joie. Il avait gagné ! Ses dix fils pourraient se montrer fiers de leur père. Il convoqua aussitôt les secrétaires du roi et leur dicta au nom d'Assuérus une lettre destinée aux satrapes[8], aux princes et aux grands officiers du royaume qui s'étendait de l'Inde à l'Éthiopie. Cette missive leur donnait l'ordre de faire tuer tous les Juifs, depuis les adolescents jusqu'aux vieillards, femmes et enfants compris, et de piller leurs biens. Elle se terminait en donnant le jour du massacre, tiré au sort par Aman lui-même : le treizième jour d'Adar, le douzième mois de l'année, soit onze mois plus tard exactement.

Mardochée apprit l'existence de ce décret et s'effondra. Tout cela par sa faute ! Que n'avait-il pas provoqué en refusant de fléchir le genou devant Aman ! En signe de deuil, il déchira ses vêtements, se voila le visage, couvrit son corps

---

7. Dieu de la lumière, de la sagesse et de la vérité. Il est la plus grande divinité de la Perse antique.
8. Gouverneurs de province dans l'Empire perse.

d'un sac en poil de chèvre noir et répandit de la cendre sur sa tête[9]. Il laissa ensuite éclater sa douleur. Parce qu'il était très croyant, le vieil homme savait que Dieu entendrait ses plaintes et ses gémissements inarticulés, et les accueillerait comme des prières.

Bientôt tous les Juifs de Suse et du royaume de Perse imitèrent Mardochée. Des rues de toutes les cités montèrent les lamentations des enfants du peuple d'Israël. Partout les Juifs jeûnaient, pleuraient et se couvraient de sacs et de cendres.

Malgré sa peine, Mardochée gardait espoir. Dieu finirait par les entendre. Et puis il y avait Esther… Il se procura une copie du décret d'extermination et s'empressa de la faire parvenir à sa nièce avec le message suivant : « Souviens-toi des jours où je te nourrissais de ma main car Aman, le second personnage du royaume, a demandé au roi notre mort. Prie le Seigneur, parle pour nous au roi, arrache-nous à la mort. »

Esther était dans sa chambre lorsque l'une de ses servantes lui rapporta les paroles de son oncle. La nouvelle l'ébranla tel un coup de tonnerre. Elle se laissa tomber sur le sol et resta prostrée de longues minutes sans pouvoir même bouger. L'horreur de la situation la paralysait littéralement. Ainsi, ce que Mardochée avait prévu arrivait. Elle

9. Signes de pénitence pour le peuple hébreu.

allait bel et bien devoir sauver son peuple, comme Sara. Quelle responsabilité ! Ce défi donnait cependant sens à son mariage. Elle n'aurait pas épousé Assuérus pour rien.

Cette pensée lui redonna des forces. Elle se leva et fit plusieurs fois le tour de sa chambre. Elle ferait comme son oncle le lui avait demandé. Elle irait demander audience au roi et lui révélerait ses origines. Puis elle implorerait la grâce pour son peuple. Seulement, cela pouvait mal tourner. Assuérus pouvait ne jamais lui pardonner de lui avoir caché sa religion. Sans compter qu'il était interdit à quiconque, même à la reine, de pénétrer sans convocation chez le roi. Celui qui enfreignait cette loi risquait la mort… À moins qu'en tendant vers lui son sceptre d'or, le roi lui fasse grâce de la vie. Or cela faisait trente jours qu'Assuérus n'avait pas fait appeler sa femme…

Esther décida que son unique chance viendrait de la prière. Durant trois jours et trois nuits, la reine et ses servantes passeraient leur temps à prier, sans boire ni manger. Mardochée fut informé de la décision de sa nièce et recommanda à tous les Juifs de Suse de l'imiter. Trente-six heures durant, les Hébreux prièrent et jeûnèrent.

Au matin du troisième jour, Esther convoqua ses servantes. Celles-ci lui lavèrent le corps, firent boucler ses cheveux, l'oignirent de parfum précieux et fardèrent son visage. Elles la vêtirent alors de sa robe la plus luxueuse, en tissu d'argent brodé de fils d'or, et couvrirent ses épaules d'un manteau à lourde traîne brillant de pierres précieuses. Enfin, elles glissèrent à ses poignets des bracelets d'or, suspendirent à ses oreilles des pendants de diamant et posèrent sur sa tête la couronne royale.

Ainsi parée, Esther avança, soutenue par deux servantes, vers le vestibule du roi. Elle marchait lentement car le jeûne prolongé l'avait affaiblie. Chaque pas qui la rapprochait de son époux augmentait sa crainte. Elle se trouva bientôt face à Assuérus qui, rutilant d'or et de pierreries dans sa tenue royale, était assis sur son trône d'ivoire décoré d'aigles et de lions. Le regard irrité du souverain se posa sur sa femme et s'empourpra aussitôt de colère. Déjà des gardes s'avançaient pour saisir la reine. Esther blêmit, vacilla et dut appuyer la tête sur l'épaule de sa servante pour conserver son équilibre. Le roi s'en aperçut et changea d'expression. Le courroux fit place à l'inquiétude. Il quitta son trône, s'avança vers sa femme et la prit dans ses bras. Comme Esther restait exsangue, il s'empressa de lever vers elle son sceptre d'or.

– Que se passe-t-il ? Parle-moi ! fit-il.

Esther, soulagée par le geste du roi, murmura :

– S'il plaît au roi de venir demain avec Aman au banquet que je lui ai préparé, alors je souhaiterais lui présenter une requête.

Le roi était surpris, mais il accepta et ordonna à ses gardes d'aller quérir Aman comme le désirait Esther.

Le Premier ministre fut aussitôt informé de l'invitation de la reine et s'en réjouit. Être convié à un banquet donné par l'épouse du roi était un grand honneur ! Il était si content qu'il décida de mettre le comble à son bonheur en commandant, sans plus attendre, la potence sur laquelle il demanderait au roi de faire pendre le Juif Mardochée. Son ennemi exécuté, il serait vraiment le plus heureux des hommes !

Le roi de son côté n'était pas si joyeux. Qu'arrivait-il à sa femme ? Pourquoi avait-elle enfreint la loi en se présentant à lui ? Pourquoi organisait-elle ce banquet ? Et pourquoi donc tenait-elle tant à y inviter Aman ? Se pourrait-il que la reine et le Premier ministre conspirent contre lui ? Les questions tournèrent ainsi dans sa tête jusqu'au soir, l'empêchant même de trouver le sommeil.

Tard dans la nuit, tourmenté par l'insomnie, Assuérus réclama les Chroniques du royaume où étaient relatés les événements passés. Un courtisan en commença la lecture. Il arriva bientôt au passage narrant comment Mardochée avait sauvé la vie du roi en dénonçant un complot.

– Qu'a-t-on fait pour récompenser cet homme ? interrogea alors Assuérus d'une voix ensommeillée.

– Rien, Votre Majesté, répondit le courtisan.

Le roi se gratta le menton, mécontent. Il y avait là une injustice à réparer. C'est alors qu'on entendit des pas derrière la porte du vestibule.

– Qui va là ? s'enquit Assuérus.

Les gardes l'informèrent qu'il s'agissait du Premier ministre.

– Qu'il entre !

Aman fit la révérence, ravi d'obtenir si rapidement un entretien avec le roi. Il tenait au plus vite à lui demander l'autorisation de faire pendre le Juif Mardochée. Mais avant qu'il ait pu parler, Assuérus l'interpella :

– Dites-moi, comment faut-il traiter un homme que le roi doit honorer ?

Un frisson de plaisir parcourut l'échine d'Aman. Assuérus pensait donc à lui attribuer une gratification ! Sans doute était-il fort content du travail de son Premier ministre. Aman réfléchit rapidement à ce qui lui plairait le plus.

– Que cet homme soit revêtu d'habits royaux, qu'on lui mette une couronne sur la tête et qu'on le fasse monter sur le cheval du roi, commença-t-il d'une voix vibrante d'enthousiasme. Qu'on appelle alors un noble officier de Sa Majesté pour conduire cet homme sur la grand-place, en criant devant lui : « Voyez comme l'on traite celui que le roi veut honorer ! »

– Dans ce cas, ne perds pas de temps ! s'exclama Assuérus. Prends vêtements et cheval, et tout ce que tu viens de dire, fais-le au Juif Mardochée.

La consternation frappa Aman, mais il fit de son mieux pour la dissimuler. Il n'avait plus qu'à obéir. La mort dans l'âme, il passa donc la matinée à promener à travers la ville de Suse un Mardochée en grande tenue, monté sur le cheval du roi. La population assista stupéfaite à cet étrange spectacle. Quant à Mardochée, il ne savait que penser. Cet honneur annonçait-il un changement d'attitude du roi ? Ce dernier allait-il annuler le décret d'extermination ? Il n'en était pas sûr. De retour chez lui, il remit ses habits de deuil et reprit ses prières.

Esther de son côté veillait aux derniers préparatifs du festin, surveillant les serviteurs qui installaient les meilleures nourritures, les vins les plus fins, les fruits les plus rares sur la table du banquet.

À la nuit tombée, Assuérus et Aman firent leur apparition. L'un et l'autre étaient en piteux état. Le Premier ministre en raison de sa déconfiture auprès de Mardochée, le roi parce qu'il avait passé la journée à chasser le lion et en était revenu avec une légère blessure au bras. Pour ajouter à son malheur, on venait de lui apprendre que la flotte royale avait été battue dans la journée par l'armée grecque sur les côtes d'Asie Mineure. Le repas commença cependant, mais l'atmosphère, solennelle et silencieuse, n'avait rien pour encourager Esther.

Heureusement, les vins goûteux et les plats raffinés firent bientôt leur effet. Les convives peu à peu se détendirent. La jeune reine cependant n'osait formuler sa requête, préférant attendre que le roi l'interroge. Il était tard dans la nuit lorsque Assuérus, adouci par l'alcool et les mets délicats, lui posa enfin la question qu'elle attendait :

– Confie-moi ta demande, chère femme. Serait-ce la moitié du royaume, tu l'obtiendrais.

Esther récita dans sa tête une dernière prière, puis prit sa respiration et se lança :

– Ô roi ! Si j'ai trouvé grâce à tes yeux, accorde-moi la vie et celle de mon peuple, car nous avons été vendus pour être détruits, égorgés, massacrés.

Assuérus regarda son épouse sans comprendre. De quelle vente, de quel massacre parlait-elle ? Il voulut interroger son Premier ministre, mais celui-ci fixait le sol sans paraître vouloir ou pouvoir le renseigner. Le roi se retourna donc vers Esther.

– Qui est-il celui qui prépare un tel forfait ?

La jeune femme, qui tremblait de tout son corps, pointa du doigt Aman à présent glacé de terreur.

– Lui !

Assuérus se rappela à cet instant le décret contre les Juifs. Esther, sa femme, était donc juive ! Il ne l'avait jamais soupçonné. Sa femme était juive et il avait donné à Aman l'autorisation de détruire son peuple. Bouillant de colère, il darda sur son Premier ministre un œil assassin. Comment Aman avait-il pu le trahir à ce point ?

– Misérable, rugit le roi, tu as abusé de ma confiance !

Pâle comme un linge, Aman gardait les yeux baissés. Que dire pour sa défense ? Qu'il ignorait que la reine était juive ? C'était une piètre excuse. Il cherchait encore une réponse appropriée quand le roi, tout à sa colère, quitta brusquement la salle du banquet et sortit dans le jardin. Aman, cepen-

dant, se doutait bien que les choses n'allaient pas en rester là. Il ne lui restait qu'un seul espoir : qu'Esther lui pardonne. Il se jeta donc à ses pieds et fit mine de lui embrasser les chevilles.

La jeune femme, dégoûtée, recula d'un pas. Aman ne se découragea pas. Il se traîna à genoux, la suppliant de lui faire grâce. C'est alors qu'Assuérus revint dans la pièce. Découvrant son Premier ministre qui cherchait à s'agripper aux jambes de sa femme, il fut pris d'une terrible fureur.

– C'en est trop ! Voilà par-dessus le marché que tu cherches à séduire la reine. Gardes, arrêtez cet homme et reprenez-lui l'anneau de commandement !

Hégé, le gardien du harem, qui se trouvait présent, rappela la présence dans la cour du palais de la potence préparée par Aman pour Mardochée. Assuérus n'hésita pas :

– C'est parfait. Qu'on l'y pende, haut et court !

Aman, cloué sur place par la sentence royale, pensa à ses dix fils et espéra qu'un jour, ils le vengeraient.

– Et le décret ? osa courageusement demander Esther une fois qu'Aman eut quitté la pièce.

– Le décret ! soupira le roi. C'est bien ennuyeux, ce qui est signé est signé... Et l'empire est si vaste... Comment voulez-vous arrêter les choses ?

– Mon oncle Mardochée vous aidera, c'est un sage.

Assuérus allait de surprise en surprise.

– Le vieux Juif est ton oncle ?

– Je vous en prie, convoquez-le au palais, je suis sûre qu'il aura une idée, supplia Esther.

Le roi réfléchit. Mardochée… Après tout, cet homme lui avait déjà sauvé la vie. Ce n'était peut-être pas une mauvaise idée. Il ordonna qu'on aille le chercher.

Le vieil érudit arriva à la citadelle. Esther constata qu'il avait quitté sa tenue de deuil et s'en réjouit. Son oncle avait donc retrouvé espoir. Après un bref échange, le roi lui donna l'anneau royal repris à Aman. Ainsi que sa femme le lui avait suggéré, il s'en remettait à Mardochée pour tenter d'arranger la situation.

L'oncle d'Esther se mit aussitôt au travail. Il fit rédiger un second décret selon lequel c'était le Premier ministre Aman et non le roi qui avait décidé d'exterminer les Juifs. L'idée, qui venait de sa nièce, était d'une grande finesse. Cela évitait en effet de désavouer le roi. En vertu de ce nouvel édit, on devait également laisser les Juifs vivre en paix et leur permettre de se défendre si on les attaquait le treizième jour d'Adar.

La nouvelle fit grand bruit à travers le royaume. Parmi les Juifs, l'allégresse régnait bien sûr. Mais ce n'était pas le cas chez tous les Perses. Certains s'étaient réjouis à l'avance de la disparition des Juifs et de la confiscation de leurs biens. Un peu partout, des disputes éclatèrent entre les différentes communautés. Le pays prit des allures de poudrière. On était déjà au début d'Adar et il y avait fort à craindre que le massacre des Juifs ait lieu malgré tout à la date programmée par Aman.

Effectivement, au matin du treizième jour, les dix fils d'Aman, la haine au ventre et l'écume aux lèvres, quittèrent le logis paternel et marchèrent au pas cadencé vers la demeure de Mardochée. D'un violent coup de pieu, ils enfoncèrent la porte.

– Où es-tu, fils de chienne ? cria l'aîné des garçons.

Mais le vieux Juif n'était pas là. Prudent, il s'était réfugié au palais. Dépités par son absence, les fils d'Aman mirent le feu à la maison de brique. Le foyer de Mardochée ne fut pas le seul à brûler. Bientôt, à travers la ville, quantités d'autres logements abritant des Juifs brûlèrent.

D'abord hésitants, les Hébreux commencèrent à se défendre. La ville peu à peu s'embrasa, tout comme le reste du royaume. Partout, dans les villes et les campagnes, Juifs et Perses s'affrontaient en combats sanglants.

À la mi-journée, Esther, qui avait été mise au courant de la situation et n'en pouvait plus de se morfondre et de prier dans sa chambre du palais, demanda audience au roi.

– Ô mon roi, commença-t-elle. Il n'y a qu'un moyen pour restaurer la paix.

– Lequel ? interrogea Assuérus qui, depuis les derniers événements, considérait sa femme avec une certaine admiration.

– Si le roi le trouve bon, qu'il soit permis aux

Juifs de Suse de se défendre encore demain, quatorzième jour d'Adar, et que les dix fils d'Aman subissent le même sort que leur père.

Esther espérait ainsi que leur exécution ferait peur aux ennemis des Hébreux. Le roi, une fois de plus, accepta la requête de sa femme et les cadavres des fils d'Aman furent suspendus à la potence. Le quatorzième jour d'Adar, de nombreux Juifs durent encore défendre leur vie, mais le lendemain les combats cessèrent et la ville retrouva son calme.

Le soir même, au palais, le roi ordonna qu'il y ait un festin en l'honneur de la paix retrouvée. Et il demanda à Mardochée et à Esther de l'organiser selon les principes de leur religion.

Ce fut au cours de ce dîner que le vieux sage eut l'idée d'un anniversaire.

– Si le roi le trouve bon, proposa-t-il, célébrons chaque année, parmi les Juifs, le quatorzième et le quinzième jour d'Adar.

Esther, qui trouvait l'idée de son oncle excellente, continua :

– Oui, ô mon roi, célébrons le mois où notre tristesse a été transformée en joie ! Donnons ces jours-là des cadeaux à nos amis et aux pauvres, afin que tout le monde puisse se réjouir[10].

10. C'est la fête juive de Pourim. Elle est précédée d'un jour de jeûne qui rappelle celui ordonné par Esther.

– C'est d'accord, approuva le roi. Écrivez aussi toute cette histoire et que cela s'appelle le Livre d'Esther[11].

La jeune reine se tourna vers le roi, le visage rayonnant d'amour et de joie. Non, elle ne regrettait plus du tout d'avoir été un jour enlevée chez elle par deux soldats. Assuérus se pencha vers sa femme et déposa un tendre baiser sur ses lèvres.

11. Le Livre d'Esther est l'un des livres de la Bible.

sentiments

Cléopâtre, la reine-pharaon[1]

de Marie Bertherat
illustré par Marc Bourgne

– Quand ? Mais quand ? s'énerve la jeune femme qui fait les cent pas dans les couloirs du palais d'Alexandrie.

Elle a dix-sept ans, les jambes fuselées, le teint mat et le nez long. Elle s'appelle Cléopâtre et l'impatience la gagne. L'aube pointe à peine, mais elle est déjà levée depuis plus d'une heure et n'en peut plus d'attendre que sa vie change.

1. L'histoire est basée sur des faits réels. L'auteur a cependant choisi d'interpréter librement certains événements de la vie de Cléopâtre. Les noms des personnages et quelques dates historiques ont pu ainsi être modifiés.

Bientôt, elle sera reine d'Égypte, l'un des pays les plus riches du monde. Son père, Ptolémée XII, le roi-pharaon, vient de mourir. Elle est sa fille aînée et doit lui succéder, telle est la loi de la dynastie des Ptolémées en l'an 51 avant Jésus-Christ. Elle doit lui succéder, mais quand ?

– Iras ! Charmion !

L'appel de Cléopâtre résonne dans le palais. Les pas feutrés des deux fidèles servantes glissent sur les tapis de soie d'Orient.

– Pardonnez-nous, maîtresse, il est si tôt… Nous ne pensions pas que vous étiez éveillée, s'excuse Iras.

– Je ne pouvais pas dormir, j'en ai assez, j'ai besoin…

– De nos soins ! conclut Charmion qui connaît la princesse depuis qu'elle est née dans la salle rouge[2] du palais d'Alexandrie.

Dans la salle de bains de marbre rose et de grenat, qui jouxte la chambre de Cléopâtre, Iras râpe en hâte des morceaux de bois parfumé. Charmion ajoute de l'eau, malaxe le tout. Se forme une pâte épaisse à l'odeur exquise. La servante l'étale sur le corps nu de Cléopâtre qui ronchonne :

– C'est froid !

– Calmez-vous, princesse ! Il faut souffrir pour être belle, ne vous l'ai-je pas déjà répété cent fois ?

2. Pièce située dans l'appartement des femmes du palais.

Enfin, la pâte est sèche. Iras, d'une main experte, frotte la peau, épluche l'enduit. Charmion rince à l'eau tiède le corps maintenant doux comme un pétale de lotus.

Puis elle masse les épaules et le dos couleur d'ambre. L'huile parfume et satine la peau de Cléopâtre qui ferme les yeux et enfin se détend. Pour un peu, elle s'endormirait sur ce lit tendu de cuir rouge, doucement bercée par les mains de Charmion.

Iras en profite pour déposer sur la chevelure bouclée le henné qui décolore. Depuis longtemps, la princesse préfère le blond-roux à son brun naturel. Le temps que le décolorant agisse, les servantes observent en silence leur maîtresse.

– N'est-elle pas magnifique ? chuchote Charmion.

– La plus belle de toutes, renchérit à voix basse Iras, qui devine ses pensées.

– Même son nez, un peu long, ajoute à son charme, tu ne trouves pas ?

Celui des deux servantes, doté de larges narines, est plutôt plat, comme celui de la plupart des Égyptiennes. Cléopâtre, au contraire, a le nez fin et long. Ses ancêtres, les pharaons de la dynastie Ptolémée, sont d'origine grecque et non égyptienne. Mais dans la famille royale se mêle aussi du sang perse[3], nubien[4], africain. C'est à ces nom-

3. Région de l'Iran actuel.
4. Région du sud de l'Égypte, à la frontière du Soudan.

breuses alliances que la jeune femme doit sa peau sombre, ses cheveux bouclés, son profil et peut-être aussi son étrange beauté.

– Maîtresse, je dois rincer vos cheveux, réveillez-vous !

Elle s'était assoupie finalement.

– Ils sont superbes, princesse ! s'enthousiasme Charmion.

Avec la rapidité due à une longue habitude, elle brosse et natte les mèches en une douzaine de tresses, puis réclame :

– Les épingles d'or !

Iras les présente, une à une, tandis que Charmion rassemble les nattes pour les relever en un lourd chignon qu'elle dresse en forme de haut cône au sommet de la tête de Cléopâtre.

– Magnifique ! s'extasient les servantes.

– Cela suffit ! Laissez-moi seule !

– Mais enfin, vous êtes nue ! s'exclame Charmion.

– Et le visage ? Le maquillage ? s'inquiète Iras.

– Plus tard ! Sortez d'ici !

La voix est impatiente, irritée. Cléopâtre veut voir la mer qui scintille sous les premiers rayons du soleil. L'étendue bleue l'apaise. Elle aime cette Méditerranée qui s'ouvre sur le monde. Elle aime aussi l'immense tour de Pharos, rutilante de marbre blanc, qui se dresse à l'ouest du port. La nuit, ses feux puissants guident les marins égarés jusqu'à cinquante-cinq kilomètres à la ronde.

Un vent frais soulève le lourd rideau de soie

sauvage de la fenêtre ouverte et fait frissonner la princesse dénudée qui, pour avoir plus chaud, s'enroule dans le tissu.

– Combien de temps ? Combien de temps devrai-je encore attendre ?

La princesse est prête depuis longtemps. Elle a tout pour être reine, Cléopâtre la septième du nom. Elle a reçu l'éducation des filles de pharaons destinées à régner : la meilleure de toutes. Elle était enfant quand son père, Ptolémée XII, l'a confiée à quatre savants, les plus grands du royaume : Sosigène, Philodote, Comarios et Demetrios. Leur joie fut immense de découvrir une petite fille à l'esprit si vif et si curieux. D'eux, elle apprit la géométrie, l'arithmétique, l'astronomie, la médecine mais aussi l'art de la guerre, le dessin, la musique, la lyre à sept cordes, le chant. Chaque jour, ils l'entraînaient à la Bibliothèque fondée par Ptolémée Ier. La plus riche bibliothèque du monde : sept cent mille livres rassemblés ! La dynastie des Lagides[5] a toujours encouragé la culture. Cléopâtre a lu les grands poètes grecs et romains. Elle a appris les langues étrangères et parle tous les dialectes d'Alexandrie la cosmopolite : l'arabe, l'araméen, l'hébreu, le parthe, le grec, le latin et la langue des Troglodytes… Oui, Cléopâtre possède tous les dons. Elle le sait bien. Mais quand sera-t-elle reine, à la fin ?

5. Autre nom de la dynastie des Ptolémées.

– Charmion ? Encore toi ! Je t'avais pourtant prévenue…

– Maîtresse ! Maîtresse ! Demetrios est à la porte de votre chambre, il vous demande.

– Demetrios ? Mon cher vieux maître ! Mais pourquoi ?

La servante sourit :

– Aucune idée, mais vous ne pouvez pas le recevoir dans cette tenue.

– Pas le temps de m'habiller, dresse le paravent, je me cacherai derrière. Allez, dépêche-toi !

Le vieux sage entre à pas lents, car depuis un an, sa jambe gauche l'abandonne. La voix derrière le paravent l'appelle :

– Approche Demetrios ! Tu voulais me parler ?

– Et te voir, princesse… s'amuse le vieillard.

– Parle, je t'en prie ! Si tu es venu avec ta jambe malade, c'est sûrement important…

– Cléopâtre, tu connais la loi des Ptolémées, n'est-ce pas ?

– Laquelle ?

– Celle qui hante ton esprit nuit et jour depuis la mort de ton père, répond Demetrios, ironique.

– Tu veux dire celle qui stipule que la fille aînée des Ptolémées règnera à la mort de son père !

– Oui. Et la suite, tu la connais ?

– Je la déteste, s'énerve Cléopâtre.

– La fille aînée épousera son frère et partagera le pouvoir avec lui, récite l'homme.

– Comment pourrais-je épouser mon frère, ce gamin d'à peine douze ans ? Tu n'es tout de même pas venu ici pour me rappeler cette stupide loi !

– Non, je suis là pour t'annoncer une bonne nouvelle. Le grand prêtre Ouseros t'accorde un sursis.

– Un sursis ?

– Deux ans. Demain, tu épouses ton frère et deviens reine, mais tu as deux ans pour consommer le mariage.

– Cela signifie que pendant deux années je ne serai pas obligée de partager son lit ?

– C'est déjà ça de pris, non ? sourit Demetrios.

– Et personne ne le saura ?

– Personne, à part Ouseros, toi, moi et le gamin. Le peuple d'Égypte croira à un vrai mariage et vous honorera comme de vrais époux-pharaons ainsi que le veut l'ancestrale loi lagide.

– Tu as dit demain ?

– Demain matin, au temple de Serapeum.

– Mais pourquoi le grand prêtre m'accorde-t-il cette faveur ?

– À mon avis, ce n'est pas par bonté d'âme. Il doit avoir ses raisons. À toi de les découvrir. Sur ce point, je te fais confiance, ma Cléopâtre. Et maintenant, prépare-toi car demain, tu seras reine d'Égypte !

« Deux ans… » songe Cléopâtre en regardant la mer. En deux ans, il peut se passer bien des choses. Le gamin peut avaler un noyau de travers, glisser dans un escalier, se noyer… Tout est possible à Alexandrie, en l'an 51 avant Jésus-Christ.

– Iras ! Charmion !

– Oui, princesse ?

– Quelle robe pour un mariage ?

– Du lin blanc ! affirme Charmion.

– Si fin que votre peau paraîtra nue, glousse Iras.

– Préparez-la pour demain matin. Aux aurores !

Cléopâtre n'a pas dormi, mais qu'importe, à dix-sept ans, cela ne se voit pas. D'ailleurs, la jeune femme n'est-elle pas experte en maquillage ? Il y a peu, elle a rédigé un traité sur les produits de beauté et prépare ses fards elle-même. Charmion drape le corps souple et mince avec la robe de lin blanc, fine et douce comme la peau. Sur la hanche droite, un scarabée d'or, agrafé, maintiendra le tissu en place. Entre les bretelles brodées de pierres précieuses, les seins jaillissent, nus et ronds. Les bras, le cou, les doigts, les oreilles sont parés de bijoux précieux. La jolie tête surmontée du pesant chignon n'attend plus que la couronne d'or.

– Allons au temple ! lance Cléopâtre d'une voix ferme.

Dehors, il fait chaud et le vent qui hier rendait tout supportable est tombé brutalement. Ptolémée le treizième, assis aux côtés de sa sœur, transpire. Sur sa lèvre supérieure qui n'a jamais connu la lame du rasoir, perlent des gouttes de sueur. Le diadème, hérité de son père, est lourd et sous le poids des pierres précieuses, la pâle petite tête du prince ploie.

Cléopâtre la septième redresse fièrement la sienne. L'épais chignon d'or roux arbore la couronne en forme de serpent des reines d'Égypte. Le grand prêtre Ouseros vient d'ordonner le mariage. La foule, immense, a les yeux fixés sur sa nouvelle reine, Cléopâtre reine-pharaon.

Cléopâtre VII et Ptolémée XIII se lèvent. Le peuple d'Alexandrie acclame ses nouveaux rois-pharaons. Les liens sacrés du mariage font du frère et de la sœur des dieux. Cléopâtre est Isis, la déesse-mère qui console ; son frère-époux, Osiris, le dieu des morts. Ces souverains sont un espoir pour tous :

– Serons-nous moins pauvres ? Aurons-nous enfin de quoi manger ?

Heureusement, personne ne sait que ce mariage n'en est pas vraiment un. Sinon, nul ne croirait à un meilleur avenir pour l'Égypte. Seuls les véritables époux frère-sœur sont des dieux et seuls les dieux peuvent améliorer le sort des pauvres, pensent les Égyptiens de l'an 51 avant Jésus-Christ.

Un mois depuis que Cléopâtre est reine d'Égypte et une semaine depuis qu'elle s'est enfermée dans sa chambre. La reine a peur. Elle, qui rêvait de voir son frère glisser sur les marches du palais, se sent menacée. Il y a sept jours de cela, Iras et Charmion lui ont rapporté les bruits de couloir :

– Maîtresse, ils veulent votre mort.

– Qui ?

– Les conseillers de votre frère, Ptolémée le treizième. Et puis, votre demi-sœur, Arsinoé. Elle veut épouser Ptolémée et prendre votre place sur le trône.

Cléopâtre sait maintenant pourquoi le grand prêtre Ouseros lui a laissé du temps. Demetrios avait raison, ce n'était pas par gentillesse. Il l'a fait sur ordre des conseillers du petit roitelet. Ces hommes sont riches et puissants, très puissants. Ils ont dû promettre beaucoup d'argent au prêtre en échange de ce sursis de deux ans. Ils veulent s'assurer que la jeune femme n'aura pas d'enfants de son frère. Puis, au moment voulu, ils la tueront. Cléopâtre est inquiète. Bien sûr, elle a des amis, des savants pour la plupart, mais pas d'alliés puissants dont les poches pleines d'or pourraient acheter des prêtres ou des soldats.

– Maîtresse, quittez la ville ! supplient les fidèles servantes.

Voilà cinq jours que la reine a quitté le palais d'Alexandrie pour s'enfoncer dans le désert jusqu'aux frontières de la Syrie. La nuit est à peine tombée, mais déjà la fraîcheur descend du ciel. Sous la tente royale, plantée au milieu de la mer de sable, Charmion et Iras massent au lait de chamelle le corps courbatu de leur maîtresse.

– Combien de temps avons-nous galopé aujourd'hui ? demande Cléopâtre.

– Trop longtemps, répondent les servantes épuisées et affamées.

Quelques dattes cueillies en chemin, même longuement mâchées, n'ont pu apaiser ni leur faim ni leur soif. L'odeur de viande grillée, qui lentement se glisse sous la lourde toile, fait gargouiller leur estomac. Le délicieux fumet s'échappe de la tente des Bédouins qui les ont accueillies. Une chance inespérée !

Cléopâtre et sa petite cavalerie de cinquante hommes sont bien seules pour l'instant. La reine-pharaon n'a pas renoncé à régner. Si elle a fui, c'est pour mieux revenir. Plus forte. Debout devant la tente royale, le chef des Bédouins, au corps tatoué de bleu, attend la jeune femme aux cheveux d'or.

– J'ai besoin d'aide, explique Cléopâtre.

Et parce qu'elle est belle, courageuse et parle si bien la langue des nomades du désert, le chef répond :

– Combien d'hommes ?

– Tous tes hommes. Les conseillers de mon frère ont une armée à leur disposition, je veux les écraser !

Le soir même, la reine-déesse et l'homme tatoué de bleu partagent l'agneau rôti en signe d'alliance.

– Un messager ! Un messager venu d'Alexandrie ! s'époumone Charmion qui court, aussi vite que ses jambes le lui permettent, vers la tente royale. Derrière elle, un cavalier descendu de cheval s'avance, le visage couvert de sable.

– Parle ! ordonne Cléopâtre, intriguée.

L'homme se prosterne :

– L'*Imperator* Julius Caesar est à Alexandrie !

– Jules César, l'empereur des Romains ? L'homme qui règne sur le plus grand empire du monde ? Et pourquoi ?

– On dit qu'il veut s'offrir l'Égypte et ses richesses !

– Bien sûr…

Cléopâtre réfléchit. Vite comme d'habitude. César est sa chance : il va l'aider. Il doit l'aider. Entre elle et son frère, il choisira son camp, elle en est persuadée. Elle a des atouts pour cela : la beauté, le charme, l'intelligence, toutes choses que son frère n'a certainement pas. Elle doit voir l'*Imperator*.

La reine convoque le chef des Bédouins :

– Partons dès maintenant ! Il le faut !

On lève le camp et on galope. Les cinquante cavaliers de Cléopâtre et les trois cents Bédouins. Mais aux portes d'Alexandrie, l'armée des conseillers de Ptolémée monte la garde et les ordres des chefs sont clairs : capturer Cléopâtre morte ou vive, plutôt morte que vive.

Alors on s'arrête à distance prudente et on se cache. Comment franchir un tel barrage ? L'un des cavaliers de Cléopâtre, Apollodore le Sicilien, chuchote à l'oreille de la reine. Il a un plan. Cléopâtre approuve, elle ordonne :

– Iras ! Charmion ! Faites-moi belle !

Les mains expertes des servantes font disparaître le sable du désert et l'odeur des chevaux. Elles lavent, brossent, oignent, parfument, maquillent, habillent. Cléopâtre sera la plus belle. Sa survie en dépend.

À la nuit tombée, Apollodore étend sur l'herbe un tapis, un vieux tapis maintes fois foulé. La reine s'allonge sur les poils de laine usée. Le Sicilien enroule la plus belle femme d'Égypte. La jolie tête disparaît. L'homme ajuste les courroies.

– Pouvez-vous respirer ?

– À peine ! répond une voix étouffée.

Apollodore hisse le tapis sur ses fortes épaules tel un marchand portant sa camelote au marché. Personne ne doit voir Cléopâtre, les espions ennemis rôdent. C'est par la mer qu'ils approcheront le palais où Jules César, l'*Imperator*, s'est installé. Le Sicilien et son fardeau grimpent sur une barque. Lentement, sans faire de bruit, l'homme rame, protégé par la nuit sans lune.

Enfin, le palais ! Le Sicilien accoste et, à pas de loup, traverse les jardins qui bordent la résidence royale. Une porte entrouverte : il s'y glisse. « Tu iras dans ma chambre, lui a dit Cléopâtre lorsqu'ils ont mis au point leur plan. Au premier étage, une porte en bois sculptée incrustée de turquoises et de jaspes rouges », a-t-elle précisé.

Apollodore ne frappe pas. Il entre, dépose le vieux tapis au milieu de la pièce. La reine avait raison, Julius Caesar est là. Il est deux heures du matin, mais il ne dort pas. Sur ses épaules étroites, il a gardé sa belle cape écarlate, la cape de l'*Imperator*.

Le Sicilien défait les courroies, déroule le tapis.

Cléopâtre apparaît. D'un mouvement de tête, elle secoue les boucles de ses cheveux dorés. Ses mains, longues et fines, défroissent la tunique de lin pourpre, ajustent les bretelles qui séparent ses seins nus. Son rire fuse :

– Cléopâtre la septième, fille de Ptolémée le douzième, reine d'Égypte ! Pour vous servir...

César sourit, sous le charme. Cet homme de cinquante-deux ans, élancé, fin, élégant, qui aime les femmes et sait s'en faire aimer, n'a jamais contemplé pareille merveille.

Déjà, il l'aime. L'enlace, l'embrasse. Apollodore se retire, en silence.

Par la fenêtre ouverte, l'aube rosée caresse les deux corps endormis. Du Grand Port qui fait face au palais, des bruits montent. Un immense navire accoste, il vient d'Asie. Ses cales sont remplies de marchandises précieuses : l'ivoire lisse, la soie bariolée, les épices mystérieuses. On crie, on s'interpelle, les ordres fusent. Alexandrie s'éveille. César aussi.

– Comme tu es belle, belle comme l'aurore ! chuchote l'*Imperato*r à l'oreille de la reine.

On frappe à la porte sculptée.

– Qui va là ! tonne César, agacé.

C'est Ptolémée XIII, déjà moins gringalet. N'a-t-il pas, la veille, fêté ses treize ans ? Un poil dur et brun le gratte sous le nez. Ptolémée voit la femme nue allongée sur le lit, la sœur haïe et il

devine : César, le grand, le chef de tous les Romains, est de son côté, il la protège. Le roitelet veut hurler à la trahison : pourquoi César a-t-il choisi le camp de la sœur détestée et non le sien ? Mais Ptolémée le treizième se tait. Il n'a même pas le courage de sa colère. D'un geste rageur, il jette à terre son diadème incrusté de diamants, comme un jouet qui ne plaît plus, et sort de la chambre en faisant claquer les talons de ses sandales dorées.

Chaque nuit, Jules César aime Cléopâtre l'enchanteresse aux boucles d'or, aux lèvres douces et au corps parfumé. Chaque jour, César aime Cléopâtre qui connaît les planètes, les philosophes et le chiffre zéro.

Ensemble, ils parcourent les rues de la grouillante Alexandrie : six kilomètres le long de la Méditerranée sur un kilomètre et demi de large. Une forêt de splendides monuments de marbre : le temple de Sérapion où l'on célébra le mariage de Cléopâtre la septième et du frère détesté, les théâtres, les amphithéâtres, la Bibliothèque, le Musée, incomparable centre de recherche scientifique. César interroge la reine savante sur l'ingénieux système de canaux, de citernes et de filtres qui purifie le Nil tout proche pour rendre l'eau potable.

Cléopâtre aime l'*Imperator* à cape rouge, le général romain qui a fait d'elle la seule, la vraie souveraine d'Égypte. Le Ptolémée n'est plus rien : un prisonnier en son palais.

– Qu'on le surveille, nuit et jour ! a exigé César.

Les conseillers du prince enragent. Ils abhorrent cet envahisseur qui fait la loi dans leur pays. Ils voudraient le massacrer, l'assassiner, l'empoisonner. Achillas, le plus combatif des conseillers de Ptolémée XIII, éructe :

– La guerre, on lui fera la guerre !

– Avec quelle armée ? interrogent ses amis. Les soldats d'Égypte ne veulent pas se battre contre l'*Imperator*, il est bien trop puissant.

– On prendra les esclaves, les fugitifs, les criminels, toute la racaille d'Alexandrie. Je veux vingt mille hommes au plus vite !

Contre piécettes et promesses, Achillas monte son armée. Vingt mille fantassins, quatre mille cavaliers s'attaquent aux quatre mille centurions de l'empereur.

– Négocions ! propose le général romain au commandant égyptien.

– Jamais ! crache Achillas.

César convoque les renforts. Mais il sait qu'il faudra du temps avant qu'ils n'arrivent. L'armée des mercenaires[6] d'Achillas a déjà lancé l'assaut sur le Grand Port. Cinquante vaisseaux romains sont au mouillage, elle est en train de s'en emparer. Jules César pressent qu'il n'a pas assez d'hommes pour défendre sa flotte, alors il ruse.

6. Soldats qui se battent pour de l'argent et non pour défendre leur pays.

– Brûlez les navires ! ordonne-t-il à ses centurions.

Et les flammes jaunes, immenses, se dressent de la mer bleue vers le ciel noir. Mais le feu ne veut plus s'arrêter, il s'étend, gagne le rivage, grignote les maisons du port d'Alexandrie, pénètre la cité. Les seaux pleins d'eau du Nil que le peuple jette sur les maisons ne sont rien face au brasier.

Réfugiée au palais, Cléopâtre, désespérée, s'enferme dans sa chambre.

– Tu te rends compte, Charmion… Ma ville ravagée, mon Musée, ma Bibliothèque ! Partout de la cendre, de la suie.

Charmion tente de la consoler :

– C'est un accident, maîtresse. C'est pour vous sauver que César s'est battu ! Pour vous défendre contre Achillas et votre frère…

– Justement ! Je me sens coupable.

Soudain, la porte de la pièce s'ouvre à grand fracas. César entre et aux pieds de la reine dépose une armure d'or.

– Qu'est-ce donc ? demande Cléopâtre.

– La cuirasse de votre frère, Ptolémée le treizième !

– Il est mort ?

– On a retrouvé son corps enfoncé dans la vase du Nil.

Cléopâtre n'a plus rien à craindre. Désormais, elle règnera seule, sans frère-époux. L'Égypte est entre ses mains… et celles de Julius Caesar. Mais

César l'aime, depuis près de deux ans déjà. Il ne fera rien contre elle… Mais un jour ou l'autre, il devra rentrer chez lui, à Rome, où sa femme, Calpurnia, l'attend. Et où son peuple le réclame. Heureusement, Cléopâtre est enceinte et l'empereur rêve d'un enfant, un fils de préférence. Il n'en a jamais eu et se demande même s'il en aura jamais. Alors pour quelque temps encore, César restera près de la reine d'Égypte. Mais combien de temps ?

– Partons ! J'étouffe à Alexandrie, explose César.

– Partir ? Mais où ? s'inquiète Cléopâtre allongée à l'ombre des arbres des jardins.

– Pourquoi pas sur le Nil ? J'aimerais remonter à sa source et voir les pyramides, sourit-il en posant sa tête sur le ventre déjà rond de la jeune femme.

– Si tu veux… soupire la reine, que sa grossesse fatigue.

L'*Imperator* est pressé, il veut s'en aller dès que possible.

– Attends un peu tout de même, je dois d'abord convoquer les grands prêtres, supplie Cléopâtre.

– Pourquoi ?

– Pour que ton fils soit pharaon… un jour.

C'est ainsi que, la veille du départ, la reine s'adresse aux grands prêtres d'Égypte :

– Faites savoir à mon peuple que j'attends un fils. Il n'est pas de Ptolémée le treizième. Son père est le dieu-soleil Amon-Rê qui a pris la forme de

César. L'enfant s'appellera Césarion et naîtra dans quatre mois à mon retour à Alexandrie.

La foule approuve, satisfaite. En Égypte, en l'an 47 avant Jésus-Christ, les pharaons sont des dieux. Si Amon-Rê a pris la forme de César pour donner un fils à Cléopâtre, c'est normal et c'est bien.

– Vive Isis-Cléopâtre ! Vive Amon-Rê-César ! acclame le peuple d'Alexandrie massé sur les berges du Nil.

Et le navire royal escorté de quatre cents esquifs lentement s'éloigne.

Jamais plus beau vaisseau n'a vogué sur le Nil. C'est un bateau plat long de quatre-vingt-dix mètres et haut de dix-huit mètres. Il remonte le fleuve grâce au vent et à la force des rameurs. À l'extrémité du bateau s'élève un temple à Dionysos, le dieu grec de la fête, de l'ivresse, des plaisirs. Son plafond scintille de pierreries. Dans les cales s'entassent les tonneaux de vin, les cageots de fruits, les cages d'animaux prêts à être égorgés pour les futurs festins. Dans la salle des banquets, la vaisselle est d'or, d'argent, de vermeil. Les appartements sont de bois précieux décoré à la feuille d'or, les murs tendus de soie brillante, le sol semé de pétales de roses. Dans la chambre de Cléopâtre, les coffres de cèdre cloutés de rubis sont pleins. Iras et Charmion y ont rangé les robes les plus raffinées, les bijoux les plus travaillés, les parfums les plus capiteux.

Sur le lit spacieux, Julius Caesar, allongé, se

repose en regardant défiler l'eau verte du Nil. Lui qui a combattu tant de fois, livré tant de batailles, prend, pour la première fois, le temps de ne rien faire. À ses côtés, Cléopâtre au ventre rond chantonne.

– Les pyramides ! sursaute soudain César. Je les vois !

– Arrêtons-nous, propose la reine.

Le général n'a jamais été à ce point fasciné, troublé. L'homme qui a parcouru près de la moitié de la Terre n'en revient pas de la beauté et du mystère des pyramides. Mais bientôt il faut repartir car César veut tout voir.

Alors les escales se multiplient. On fait halte à Memphis où l'on honore Apis, le taureau noir à taches blanches, devant lequel les femmes relèvent leur robe pour avoir plus d'enfants. À Thèbes où les momies d'anciens pharaons se dessèchent dans leur tombeau. On descend jusqu'aux frontières de l'Éthiopie où l'empereur espère trouver les sources du Nil.

Une vraie lune de miel…

Sauf que César, un jour, se lasse :

– Rentrons !

La voix est sèche, préoccupée. Le général sait qu'il est temps pour lui de quitter l'Égypte pour retourner à Rome où tout l'attend. Le pouvoir, les honneurs et sa femme qu'il n'aime plus.

– Tu viendras me voir à Rome ? demande-t-il.

Cléopâtre, reine d'Égypte, ne répond pas. Son ventre et son cœur sont trop lourds. Elle a envie de pleurer. Son amour l'abandonne, elle qui attend son enfant, son petit Césarion.

Par les portes grandes ouvertes du palais d'Alexandrie, la nouvelle s'échappe :

– Il est né ! C'est un garçon ! Un mâle !

La foule en liesse scande :

– Vive Ptolémée-Césarion, fils de Cléopâtre et d'Amon-Rê-César !

Dans la chambre rouge du palais, la reine est pâle, épuisée, solitaire. Elle pense à César qui n'est pas là et qui lui manque. Demain, elle demandera que l'on fonde des pièces de monnaie où on la verra en déesse Isis tenant son fils dans ses bras.

À Rome, César ne l'oublie pas. Il a fait sculpter une statue en or où elle est représentée en Vénus, déesse de l'amour. Les Romains sont fous de rage car ils détestent Cléopâtre, cette Égyptienne qui gouverne seule son pays comme un homme. Ils haïssent la séductrice, la courtisane qui pendant près de deux ans leur a volé leur chef. D'ailleurs, Jules César n'a-t-il pas déjà une femme, Calpurnia, une Romaine respectable ?

Mais l'*Imperator* n'a que faire des critiques. Il se sent fort, très fort. Le plus fort du monde. Ne lui a-t-on pas donné tous les pouvoirs ? Il vient d'être nommé dictateur, consul, préfet... C'est lui le chef de Rome et de l'Empire. Alors, il peut bien aimer qui il veut.

– Il est mort ! On l'a tué ! hurle Cléopâtre dans les couloirs du palais.

Iras et Charmion accourent. Elles prennent la veuve dans leurs bras, baignent à l'eau de rose son beau visage ravagé par les larmes, frictionnent son corps brûlant à l'huile mélangée d'opium, lui donnent à boire des tisanes au goût amer.

– César est mort ! On l'a assassiné ! hoquette la reine anéantie.

Être chef suprême de Rome, c'est avoir des ennemis et César en avait. L'un d'eux, un jeune fougueux nommé Brutus, est allé jusqu'au bout : il l'a tué et Cléopâtre, maintenant, est seule.

Il ne lui reste que Césarion, son fils, qui a trois ans et qu'elle s'empresse de faire sacrer roi-pharaon. Elle est reine, il est roi. Mais que vont-ils devenir ?

L'Égypte est riche, mais si fragile face à Rome. Et puis il n'a pas beaucoup plu en cette année 44 avant Jésus-Christ. Le Nil n'a pas assez débordé, les terres n'ont pas eu suffisamment d'eau. Les récoltes sont maigres et les greniers vides. Le peuple a faim. Cléopâtre s'inquiète. Qui va l'aider ?

Le nouveau maître de Rome s'appelle Antoine. Il a quarante-deux ans, soit vingt ans de moins que César, et ne lui ressemble en rien. Antoine n'aime que trois choses : manger, s'amuser et faire la guerre.

Justement, il veut aller livrer bataille en Orient, où tant de richesses sont encore à prendre. Il en profitera pour rencontrer cette reine-pharaon de vingt-sept ans que l'on dit si belle, il pourra peut-être se distraire avec elle. Lui, le grand chef et elle, la petite reine.

Oui, c'est une bonne idée, il va lui envoyer un messager.

– Mon maître, Antoine, est en Cilicie[7], à Tarse. Il voudrait vous voir. Pouvez-vous le rejoindre ? demande le Romain qui vient d'arriver au palais.

La reine d'Égypte, assise sur son trône d'or, pourrait se fâcher. L'invitation ressemble à une convocation. Mais Cléopâtre est habile. Aussi préfère-t-elle sourire et répondre :

– Je viendrai.

Antoine n'est-il pas le maître de Rome ? Elle a besoin de lui. Sans l'appui de Rome, son pays n'est rien. Cléopâtre le sait.

– Iras ! Charmion ! J'ai rendez-vous !

Et les servantes s'activent à préparer le corps de la plus belle femme d'Égypte. Des jours durant, elles brossent, poncent, lavent, huilent, enduisent, parfument. Au palais d'Alexandrie, l'excitation monte : la reine va rencontrer le nouvel *Imperator*.

Le vaisseau royal a quitté le port d'Alexandrie. Il remonte la Méditerranée en direction de Tarse. La poupe est dorée, la voile de pourpre. L'argent brille sur les rames qui battent au rythme d'un

7. Région de l'actuelle Turquie.

orchestre invisible. Sur le pont, de belles esclaves en costume de Nymphe[8] regardent la mer. La maîtresse du bord est étendue sous un lit à baldaquin brodé d'or. De jeunes garçons l'éventent avec des palmes. C'est Cléopâtre vêtue en Aphrodite, la déesse grecque de l'amour, née de la mer. L'encens et la myrrhe répandent jusqu'aux rivages une odeur enivrante. Le navire s'approche lentement de Tarse. La ville murmure :

– Aphrodite, fille de la mer, a rendez-vous avec Antoine ! Elle l'invite à dîner sur son royal vaisseau.

Jamais Antoine, l'empereur qui n'aime que s'amuser, rire et manger, n'a été si bien reçu. Jamais il n'a goûté un tel festin, jamais il n'a vu rassemblés tant de lumières et de flambeaux et jamais non plus, il n'a contemplé femme plus séduisante.

– Tu n'as encore rien vu, *Imperator*, ce banquet n'est pas grand-chose ! susurre Cléopâtre à la fin de la soirée. Je te parie qu'on peut dépenser bien plus au cours d'un seul repas.

– Non, c'est impossible ! s'exclame-t-il.

– Serviteurs ! Qu'on m'apporte une coupe remplie de vinaigre !

La reine détache de son oreille une énorme perle qu'elle plonge dans le liquide. Le précieux bijou se dissout aussitôt. Cléopâtre, alors, porte la coupe à ses lèvres et l'avale d'un trait.

– Ah ! Ah ! Ah ! fait le général romain, sidéré.

8. Petite déesse de la mer.

Non, jamais Antoine n'a rencontré femme plus séduisante, plus étonnante.

– Reviens demain, *Imperator*, chuchote la reine à son oreille.

Bien sûr, il reviendra. Comment pourrait-il en être autrement ?

Le lendemain, c'est un autre festin encore plus merveilleux, plus fastueux, plus lumineux. L'homme est à genoux, il désire cette femme, cette fascinante Égyptienne à la voix d'enchanteresse qui lui demande :

– Tu veux l'Égypte et ses richesses ?

Il ne répond pas. Oui, il veut l'Égypte et ses richesses, mais avant tout, il la veut, elle.

– Eh bien, l'Égypte, c'est moi. Moi et mon fils, Césarion. Protège-nous et tu auras l'Égypte. Protège-nous contre Rome et je te fais, toi, prince d'Égypte.

Antoine accepte, parce qu'il la veut immédiatement. Le général romain est tombé amoureux. Comme César.

– Viens, je t'invite chez moi, à Alexandrie. Je te ferai la vie belle, tu verras.

Et l'*Imperator* la suit.

La reine avait raison. Que la vie est belle pour le général à Alexandrie !

Il faut dire que la jeune femme fait tout pour lui plaire. Elle l'emmène au gymnase, l'accompagne à l'escrime, à la chasse pour qu'il défoule son corps d'athlète. Elle joue aux dés avec lui, boit avec lui, mange avec lui. Elle organise des fêtes somptueuses. La nuit, la reine et l'empereur, revêtus de haillons, se glissent dans les rues sombres d'Alexandrie. Ils frappent aux portes closes et jouent des tours aux habitants.

Antoine s'amuse, il oublie tout : Rome, sa cape rouge et ses devoirs d'*Imperator*. Cléopâtre l'a pris dans ses filets dorés. Mais en même temps, elle l'aime. Elle l'aime vraiment. Dans son ventre, elle porte ses enfants, des jumeaux : une fille et un garçon, Cléopâtre-Séléné et Alexandre-Hélios. En grec, la lune et le soleil.

Ils se marient et la jeune femme institue un nouveau calendrier. Désormais, l'an 37 avant Jésus-Christ, année de leur mariage, devient sa première année de règne. La reine fait frapper de nouvelles pièces de monnaie pour célébrer leur amour : Antoine et Cléopâtre y sont représentés en Isis et Osiris, la déesse et le dieu préférés des Égyptiens.

Cléopâtre n'a plus peur. Elle sait qu'elle ne perdra pas son trône car le général la protège de son corps. Il est son bouclier vivant. Alors la reine rêve :

– Antoine, je veux agrandir mon royaume. Donne-moi la Syrie et la Judée !

Et le général reprend les armes. Il rassemble ses soldats et part à la conquête des territoires que sa femme réclame. L'*Imperator* n'obtient pas tout, mais presque.

De retour à Alexandrie, il offre à la reine le

royaume de Chalcis au Liban, les villes de la côte syrienne et de Cilicie, Chypre…

La grande Égypte des ancêtres de Cléopâtre, les premiers Ptolémées, est à nouveau réunie. Jamais les pouvoirs de Cléopâtre n'ont été si étendus. Elle en profite pour visiter quelques-uns de ses derniers territoires et s'emparer de leurs richesses. Elle ramène à Alexandrie les plus belles statues, les plus beaux objets d'art qu'elle voit.

À Rome, la fureur gronde :

– Antoine donne des tranches de l'Empire romain à l'Égyptienne.

– Antoine est un traître ! À mort Antoine ! À mort Cléopâtre !

Octave, jeune général romain plein d'ambition, en profite. Puisque le peuple de Rome en veut à Antoine, il va prendre sa place à la tête de l'Empire. Au passage, il fera de l'Égypte une province romaine. Mais avant, il doit livrer bataille. Faire la guerre à Antoine et à Cléopâtre, sa protégée.

À Alexandrie, c'est la panique. Vite, l'*Imperator* arme cinq cents navires de guerre. Cléopâtre donne l'argent nécessaire. La reine monte à bord de l'*Antonia*, son vaisseau amiral aux voiles de pourpre, et commande elle-même son escadre personnelle de soixante bateaux.

C'est à Actium, dans la mer ionienne, sur les côtes grecques, que la flotte égyptienne rencontre Octave et son armée de quatre cents navires. Tout l'hiver les deux camps s'observent. Au printemps, l'attaque est déclenchée. Aussitôt, l'armée d'Antoine et de Cléopâtre est encerclée. Incapable de s'approvisionner, elle perd ses forces. Bientôt, une seule solution s'impose : la fuite. Antoine rejoint Cléopâtre sur l'*Antonia*. Le bateau file vers Alexandrie, tandis qu'une centaine seulement de leurs vaisseaux parviennent à les suivre.

Le général, à la proue du navire, se tient la tête entre les mains. Il sait que le maître de Rome s'appelle dorénavant Octave.

Arrivé à Alexandrie, l'ex-*Imperator* se fait construire une petite cellule près du port. Il habitera là désormais, en ermite, loin du palais de la belle Cléopâtre. La reine est triste, elle a trente-huit ans et se sent vieille, abandonnée. Comment ramener à elle cet homme blessé dans son orgueil ?

Elle met sa robe la plus seyante, dessine jusqu'à ses tempes ses jolies ailes de papillon et va le trouver :

– Je donne une fête au palais pour ton anniversaire.

Il accepte de la suivre. Mais la fête est sans joie. Antoine, lentement, devient fou. Fou de chagrin.

– Rien n'est plus comme avant, glisse Iras à l'oreille de Charmion.

Le lendemain, la reine reçoit une lettre. Elle est d'Octave et sonne comme un ordre :

Renoncez au trône d'Égypte et faites tuer Antoine.

– Jamais ! hurle Cléopâtre qui déchire la lettre.

Elle sait bien pourtant que son trône et son pays sont maintenant sous le pied du cruel Octave. Alors elle préfère encore préparer sa tombe : une haute tour carrée éclairée par deux fenêtres. Elle y entasse ses biens : or, bijoux, meubles, parfums. Du bois pour faire brûler le tout au cas où Octave voudrait s'en emparer. Et elle s'enferme dans son mausolée.

Antoine l'apprend et s'en inquiète. Sa folie lui fait soupçonner une ruse de la reine :

– Cléopâtre m'abandonne… Elle pactise avec l'ennemi, Octave le terrible, murmure-t-il.

Il retourne au palais et erre dans les couloirs, désœuvré, seul avec sa colère et son amertume. Il n'a plus à ses côtés qu'Éros, son fidèle esclave. Soudain une voix dans le palais l'appelle :

– Antoine ! Antoine ! La reine…

– Quoi ? La reine quoi ?

– Elle vient de se tuer !

– Non ! hurle Antoine.

La honte l'étouffe. Il saisit son épée.

– Tu vois Éros, elle ne m'a pas trahi… Elle m'aimait encore. Je ne veux plus vivre, tue-moi, je t'en supplie.

Éros lève l'arme du maître tant aimé mais c'est vers lui qu'il la tourne pour transpercer son propre corps.

– Tu me donnes le courage dont je manquais, soupire Antoine qui retire le glaive ensanglanté du corps d'Éros, le plonge dans son ventre et s'écroule.

Le sang coule mais Antoine n'est pas mort. Une voix chuchote à son oreille :

– La reine est vivante ! Elle veut te voir.

On le conduit au mausolée où Cléopâtre s'est enfermée avec Iras et Charmion. La porte est scellée, la reine s'est barricadée de crainte qu'Octave ne vienne la tuer.

– Passez-le par la fenêtre ! crie Cléopâtre en pleurs du haut de sa tour.

À l'aide de cordages, Iras et Charmion hissent avec peine le grand corps sanguinolent. Enfin, Antoine est dans les bras de Cléopâtre qui douce-

ment le berce de ses mots d'amour. Et il meurt. La reine n'a plus qu'un désir : suivre l'homme qu'elle a si follement, si tendrement aimé.

Est-ce du poison qu'elle avale ? Est-ce le petit serpent qu'un paysan a caché dans le plat de figues qui pique sa poitrine ? La reine meurt à trente-neuf ans, car c'est la seule liberté qui lui reste. Iras et Charmion, toujours fidèles, l'accompagnent.

C'est ainsi qu'en l'an 30 avant Jésus-Christ, l'Égypte devient province romaine. Le nouveau maître a pour nom Octave, le cruel, et ce n'est pas un Ptolémée.

frissons

Le loup-garou de Campanie

de Giorda
illustré par Stéphan André

- 1 -

Hors de Rome, enfin ! Loin du Colisée, surtout. Et libre !

Scorpus s'arrête un instant. Il regarde la ville impériale encore éclairée par les derniers rayons du soleil couchant.

– Libre ! répète-t-il à voix haute.

Il a envie de le crier aux corneilles qui volent lourdement au-dessus de la campagne romaine avant de se poser au sommet des cyprès qui bordent la via Appia. Mais l'entendront-elles, seulement ?

Car il est seul sur la route, à cette heure ! Seul ?

Pas tout à fait ! Là-bas, devant lui, un homme, un peu voûté, marche lentement. Il est vêtu d'un lourd manteau de laine.

Scorpus ne résiste pas à l'envie de partager sa joie avec lui. Il se met à courir, le rattrape très vite. L'homme s'immobilise brusquement.

– N'aie pas peur, lui dit aussitôt Scorpus. Je t'ai vu marchant, solitaire, sur cette route, et j'ai pensé que nous pourrions cheminer ensemble. Moi, je vais à Capoue…

– Moi aussi, fait l'homme d'une voix rauque, avant de se remettre en route, du même pas traînant.

Il a tourné, un court instant, sa tête vers Scorpus pour lui répondre. Celui-ci a eu le temps de voir ses yeux d'une couleur indéfinissable, jaune sombre mêlé de vert. Et un léger frisson a couru sur sa nuque. Car l'homme semble inquiétant. Presque malgré lui, Scorpus lui emboîte le pas, comme fasciné par l'étrange éclat de ce regard.

Ils avancent, l'un à côté de l'autre, sur la via Appia toujours aussi déserte. Tous les Romains doivent encore être au Colisée, pour assister aux derniers combats dans l'arène. Scorpus, lui, n'y participera plus. Il a fini son temps. Il n'est plus gladiateur…

– Où comptes-tu dormir à Capoue ? demande-t-il tout à coup à l'homme qui a rabattu son capuchon sur sa tête. Je connais une bonne auberge…

– Merci ! répond l'homme d'une voix de plus en plus rauque. Mais je dois rejoindre la caserne des gladiateurs dès mon arrivée. On m'y attend…

– Je comprends… dit alors Scorpus.

Lui, il était arrivé en homme libre à Capoue, il y a dix ans. Il venait s'engager auprès de Titus Regulus, le laniste, comme gladiateur. Il rêvait de devenir célèbre en combattant dans l'arène. Et de s'enrichir très vite.

Il a réussi ! Tout Rome a parlé de lui, pendant des années. Et il a accumulé un trésor de pièces d'or et d'autres magnifiques cadeaux, offerts par l'empereur. Alors, ce soir, il a envie d'être généreux avec cet inconnu, malgré le mystère qui l'entoure.

– J'aimerais t'aider, reprend-il. Je connais Titus Regulus, le laniste de la caserne de Capoue… Dis-moi ton nom. Je lui parlerai de toi…

L'homme hausse les épaules :

– Mon nom est Philéros. Que pourrais-tu faire pour moi ? Je ne suis qu'un pauvre esclave phrygien, vendu par son maître endetté pour quelques *nummus*… Et je mourrai sûrement à mon premier combat !

Il accompagne ces derniers mots d'un violent soupir, qui rappelle à Scorpus les gémissements des molosses éventrés par un taureau dans l'arène. Un nouveau frisson, qu'il ne peut réprimer, parcourt son échine.

– Peut-être pas ! dit-il enfin. Si tu as autant de chance que moi…

Pour toute réponse, Philéros ramène sur ses épaules les pans de son lourd manteau de laine, comme s'il sentait le froid de la mort venir glacer son corps tout entier.

Il fait complètement nuit, maintenant. Les deux hommes continuent de marcher en silence. De temps en temps, Scorpus regarde son compagnon à la dérobée, mais celui-ci cache son visage sous le capuchon de son manteau, comme s'il redoutait l'éclat trop vif de la pleine lune. Peu à peu, il sent monter en lui la même angoisse qui l'étreignait avant chaque combat. Ne ferait-il pas mieux de laisser cet homme, là, au milieu de la route et de rejoindre Capoue à grandes enjambées ? Pourtant, quelque chose le retient. Quoi ? Il n'en sait rien… Une sorte de magie, peut-être, ou de sorcellerie…

Et, juste au moment où il se décide enfin à s'éloigner, Philéros s'arrête brusquement, en poussant un étrange grognement.

– Que t'arrive-t-il ? lui demande Scorpus d'une voix qu'il ne peut empêcher de trembler, malgré tous les efforts qu'il fait pour ne pas paraître alarmé.

- 2 -

En regardant autour de lui, Scorpus aperçoit, rangées le long de la route, des stèles funéraires en marbre blanc qui brillent étrangement dans la lumière froide de la lune.

– Pourquoi t'arrêtes-tu près de ces tombeaux ? insiste-t-il.

L'endroit l'inquiète encore plus que cet homme mystérieux. Depuis qu'il est enfant, il redoute les lémures, ces fantômes qui sortent la nuit de toutes les tombes pour s'en prendre aux vivants… Surtout ceux qui, comme Scorpus, n'ont rien à leur offrir…

– L'endroit est tranquille, répond Philéros. Et puis, j'ai faim !

Tout en parlant, il a dégrafé son lourd manteau qu'il a laissé tomber à terre, découvrant ainsi son visage, presque entièrement recouvert d'une barbe épaisse et noire comme la nuit. Surtout, lorsque l'homme a ouvert la bouche, Scorpus a pu voir ses dents, pointues comme des crocs de loup…

Cette fois, Scorpus frissonne longuement. Philéros a-t-il l'intention d'aller voler dans les sépultures les offrandes déposées par les familles des morts et de commettre, là, sous ses yeux, un aussi épouvantable sacrilège ?

Philéros s'éloigne déjà. Scorpus le voit se glisser, courbé en deux, au milieu d'une première rangée de tombes.

Un nouveau frisson secoue l'ancien gladiateur, pareil à une vague glacée. Il vient d'entendre un hurlement sauvage. Est-ce Philéros qui a crié ainsi ? Pourquoi ?…

Scorpus le cherche des yeux. L'homme est à moitié accroupi au pied d'un chêne au feuillage sombre. À gestes malhabiles, comme s'il ne savait plus se servir de ses mains, il se dépouille de tous ses vêtements, ôte ses sandales, sans cesser de pousser de courts grognements.

Puis, il fait trois fois le tour de l'arbre à quatre pattes. Scorpus a le temps de voir son corps nu se recouvrir de poils sombres, de longues oreilles pousser des deux côtés de sa tête…

Alors, il n'a plus qu'une envie : s'enfuir à toutes jambes, rejoindre la via Appia et rentrer au plus vite à Capoue.

Il ferme un instant les yeux, terrorisé, tout en pensant que, si ses anciens compagnons le voyaient trembler ainsi, ils se moqueraient de lui. Et ils auraient raison, par Hercule !

Non, il ne fuira pas ! Il va rejoindre Philéros, l'obliger à se rhabiller. Il saura bien, alors, si c'est un sorcier…

Mais, quand il rouvre les yeux, Philéros a disparu !

- 3 -

Scorpus hésite un instant avant de s'élancer à travers la campagne. Il n'a aucun mal à se diriger. C'est bien un loup qu'il entend hurler, là-bas, sur sa gauche.

N'écoutant que son courage, il traverse un champ de vignes dont les longs sarments semblent vouloir le retenir en lui chuchotant : « N'y va pas ! » Mais rien ne l'arrêtera plus désormais. Il saute pardessus un ruisseau, déboule dans une vaste prairie… et stoppe net sa course.

Devant lui, une jeune brebis est allongée sur le dos. Seules ses pattes remuent encore spasmodiquement. La croyant seulement blessée, Scorpus met un genou à terre pour l'aider à se relever. Il place une main sous sa tête, une autre sous son ventre. Un liquide tiède mouille sa main droite. Il la retire vivement : elle est rouge de sang !

– Par tous les dieux ! s'exclame-t-il.

Il sent à nouveau la peur le submerger. S'il veut la dompter, il faut absolument qu'il reste maître de lui. Alors, au lieu de se laisser emporter par la panique, au lieu de se lever et de s'éloigner en courant de cette malheureuse bête, il se penche sur elle et l'examine attentivement.

Il découvre qu'elle a été proprement égorgée. C'est son sang qui a coulé le long de son poitrail, sous l'épaisse toison de laine blanche.

– Par Orcus ! s'écrie-t-il en se relevant, qu'est-il donc arrivé ? Un loup a-t-il attaqué un troupeau ?

Scorpus regarde autour de lui. Juste à ce moment, un nuage glisse sur la lune, obscurcissant les alentours.

« Si j'avais seulement pris une dague », pense-t-il en serrant les poings.

Tout à coup, les grondements sourds d'une bête en colère s'élèvent tout près de lui.

– Qui que tu sois, animal sauvage ou démon, montre-toi ! lance-t-il dans sa direction. Je sais aussi me battre à mains nues.

Le nuage n'a fait que passer. Dans les rayons de la lune, Scorpus aperçoit deux molosses de l'Épire, qui tendent vers lui des gueules menaçantes tout en continuant de gronder.

– Tu veux savoir qui a tué cette brebis ?

Scorpus se retourne brusquement.

Derrière lui se tient un jeune garçon vêtu d'une courte tunique claire. Il parle d'une voix frémissante, tout en brandissant un long bâton noueux :

– Un loup enragé s'est jeté tout à l'heure au milieu de mon troupeau. Il a tué trois de mes bêtes. Avec l'aide de quelque puissance maléfique, j'en suis sûr. Car mes chiens ne l'ont même pas entendu arriver ! Et toi, pourquoi es-tu là ? Es-tu son complice ?

– Moi, complice d'un loup ? se récrie Scorpus. Fais taire tes chiens plutôt, et approche-toi… Cette brebis a été égorgée… Tu es sûr que c'était bien un loup ? Car l'animal qui a saigné tes bêtes avait des dents plus tranchantes que le rasoir d'un barbier… Tu es sûr de l'avoir vu de près, ce loup ?

Le jeune berger se baisse, ramasse sur le sol un court épieu à la pointe ensanglantée.

– Tu me demandes si je l'ai vu de près ? Regarde ! Je l'ai même blessé avec ça. En plein dans l'épaule gauche ! Et j'ai réussi à le mettre en fuite… Oui ! c'était bien un loup, gigantesque, effrayant…

Le jeune garçon se revoit encore, pointant son arme vers cette bête qui avait fui le combat à la première blessure.

Scorpus se rappelle brusquement qu'il était à la poursuite de Philéros quand il a trouvé le cadavre de la brebis. Au diable, le Phrygien ! Il faut d'abord retrouver ce loup, en débarrasser la Campanie.

– Écoute, reprend-il enfin. Si tu l'as vraiment blessé, il n'a pas pu aller très loin. Prête-moi ton arme !

Le jeune garçon la lui tend sans hésiter.

– Je m'appelle Marcellus, fils de Marcus, dit-il fièrement. Nous habitons la ferme au bout du chemin. Si tu nous ramènes cet épieu rouge du sang de ce loup, je suis sûr que mon père te donnera une belle récompense !

– Je n'ai pas besoin de récompense, lui répond Scorpus. Mais je te promets de tuer ce monstre, quoi qu'il arrive !

Et il s'élance à la poursuite du loup. Comme un gladiateur blessé fuyant son adversaire dans l'arène, ce dernier n'a pas cessé de perdre son sang tout en courant. Les mains de Scorpus se referment convulsivement sur le court manche de l'épieu. Il aura bientôt rattrapé la bête. Alors, il n'hésitera pas…

- 4 -

Les traces, au début, sont bien nettes.

Ici, le sang est tombé en fines gouttelettes sur de hautes tiges d'herbes où elles forment comme des colliers de pierres précieuses, couleur de rubis. Là, il s'est déposé en minces filets pourpres sur des cailloux blancs. Plus loin encore, une marque sanglante souille le bas du tronc d'un peuplier dont le feuillage semble encore frémir de ce contact.

En gladiateur habitué à disputer des chasses contre des animaux sauvages lâchés la nuit dans l'arène, Scorpus n'a aucun mal à suivre la piste. Bientôt, il doit ralentir le pas, faire halte même, pour retrouver, difficilement, quelques marques de loin en loin…

L'habileté de ce loup à se cacher l'inquiète. Serait-il protégé par les puissances maléfiques qui rôdent dans la campagne obscure ? Que se passera-t-il lorsqu'il se retrouvera face à lui ? Devra-t-il lutter contre un monstre protégé par des démons ?

Il s'immobilise un instant. Les traces ont complètement disparu à présent.

La bête féroce échappera-t-elle à la mort ?...

On dirait que l'animal a réussi à comprimer sa blessure pour empêcher son sang de couler. Mais non, c'est impossible ! Seul, un homme pourrait faire une chose pareille ! Surtout en courant ! Un loup, lui, aurait dû s'arrêter pour lécher sa plaie. Dans ce cas, Scorpus l'aurait déjà rejoint et abattu.

Un homme ?

Justement, Scorpus repère une nouvelle trace à plus de trois pieds de haut, là, sur cette pierre qui marque la limite d'un champ. Le loup se serait-il dressé contre elle pour essuyer son sang ?

Scorpus scrute les environs, désespérément. Ainsi ce maudit loup a réussi à lui échapper, à disparaître dans cette campagne pourtant paisible de Campanie. Exactement comme Philéros tout à l'heure...

Scorpus s'aperçoit qu'il est revenu tout près de l'endroit où le Phrygien s'est dépouillé de ses vêtements. Mais ce sont les traces ensanglantées du loup blessé qui l'ont ramené là. En voici une dernière sur le tronc de cet arbre !

Comment est-ce possible ?

Scorpus s'avance encore un peu.

Oui ! c'est bien le chêne et... c'est bien Philéros qu'il voit, en train de remettre son lourd manteau sur ses épaules. Inquiet, tout à coup, Scorpus se fige. Il n'a pas le temps de s'interroger davantage. Philéros l'a aperçu. Il court déjà vers lui.

– Où étais-tu passé ? lui lance-t-il d'une voix enrouée. Ne t'avais-je pas demandé de m'attendre ici ?

– Tu ne m'as rien demandé du tout, grogne Scorpus. Pourquoi mens-tu ainsi ? C'est toi qui t'es déshabillé, avant de disparaître derrière ce chêne, il y a moins d'une heure et…

Le Phrygien éclate d'un rire étrange, semblable au croassement sinistre d'une corneille à la nuit tombante.

– Moi, je me serais déshabillé, puis j'aurais disparu ? Quel rêve as-tu fait là !

Scorpus ne sait que répondre. Il a le sentiment d'avoir été joué, autant par Philéros que par le loup ! Les deux ne feraient-ils qu'un ? Comment en avoir la preuve ? Ses mains se crispent sur le court manche de l'épieu.

– Pourquoi tiens-tu cette arme ? s'étonne Philéros. Aurais-tu fait une mauvaise rencontre ?

Et comme Scorpus ne répond pas, il ajoute :

– Cela ne risquait pas de m'arriver, à moi. Je n'ai pas bougé d'ici…

– Pas bougé ? s'écrie Scorpus. Par tous les dieux infernaux, je t'ai pourtant bien vu disparaître derrière ce chêne. Et tu oses prétendre que j'ai rêvé…

Philéros laisse échapper un petit rire.

– Tu étais fatigué. Tu as très bien pu t'assoupir un instant, pendant que je faisais le tour de ce chêne… Je cherchais quelque chose à manger, tu comprends ?

Il accompagne ses paroles d'un geste du bras gauche, qui lui arrache une exclamation de douleur semblable à un aboiement.

– Tu as mal ? lui demande vivement Scorpus. Où ça ? Au bras, à l'épaule…

– Non ! explique Philéros. Lorsque je me suis baissé tout à l'heure pour rajuster mon manteau, mon épaule a heurté une branche morte. Celle-ci a été assez solide pour m'érafler la peau… Mais la plaie est sans gravité…

– Où est-elle, cette branche ?

– Oh ! je l'ai cassée et jetée loin d'ici, répond Philéros en grimaçant.

Tout en parlant, il pose sa main droite sur son épaule meurtrie, comme pour en soulager la douleur. En même temps, il essuie furtivement son visage qu'il dissimule aussitôt au regard de Scorpus.

– Ne crois-tu pas, reprend-il aussitôt, qu'il serait temps de nous remettre en route ? Il nous reste encore quelques milles jusqu'à Capoue…

– Comme tu veux ! répond Scorpus, ne sachant plus que dire, ni que faire.

Et, tout en cheminant aux côtés de Philéros, il se demande qui est cet être, en réalité…

- 5 -

Quelques jours plus tard, Scorpus revient sur la via Appia. Cette fois, il est seul. Il s'arrête devant les tombes rangées le long de la route.

Le soleil fait briller les stèles de marbre blanc et les riches mausolées dédiés à la mémoire de morts illustres. Un peu plus loin, l'épais feuillage d'un chêne offre au passant une ombre paisible.

L'autre soir, il a laissé Philéros à l'entrée de la caserne des gladiateurs. Dès le lendemain, il parlait de lui avec Clodion, un des instructeurs qu'il connaît bien pour s'être entraîné avec lui.

– Il ne fera pas un combattant très courageux, lui a-t-il expliqué, et je le crois particulièrement retors et menteur. Je le soupçonne de pire encore. Je ne peux pas t'en dire plus, pour l'instant. En tout cas, méfie-toi de lui. Et fais-le soigner. Il paraît qu'il s'est blessé à une branche morte… Tu me diras ce qu'il en est…

Une main posée sur son front pour protéger ses yeux de l'éclat du soleil, Scorpus s'oriente. Car il veut retrouver Marcellus pour lui rendre son épieu. Et surtout, le prévenir que le loup court toujours…

Dès que les deux molosses devinent sa présence, ils s'élancent en aboyant, s'arrêtent à deux pas de lui et le flairent en remuant la queue.

– Par Jupiter ! s'exclame le gladiateur en se penchant pour caresser leurs flancs maigres, ils m'ont reconnu !

– Et le loup ? interroge Marcellus, accouru derrière ses chiens, est-ce que tu l'as tué ?

– Hélas ! répond Scorpus en baissant la tête. J'ai perdu sa trace ou plutôt, il s'est évanoui, subitement, en pleine nuit, quelque part par là…

De son bras droit, il montre la campagne, du côté de la via Appia… Son geste lui rappelle soudain celui du Phrygien, l'autre nuit, sous le chêne. Et son exclamation de douleur…

– Son épaule gauche ? réplique Marcellus après l'avoir entendu raconter la scène. L'endroit même où j'ai blessé le loup ?

– Oui ! Malheureusement, je n'ai pu voir sa plaie, l'autre soir. D'ailleurs, Philéros ne saignait plus, ou très peu. Pas une goutte de sang, en tout cas, n'a coulé sur la route… C'est peut-être un loup-garou, un de ces êtres infâmes qui se transforment la nuit en loup. Mais je n'ai pas pu en savoir davantage. Il s'était déjà rhabillé lorsque je l'ai retrouvé et il a voyagé à côté de moi couvert d'un lourd manteau de laine…

– Ainsi, tu crois que… commence Marcellus d'une voix moins assurée.

– Écoute ! reprend Scorpus. Il ne faut pas t'effrayer. Je ne suis sûr de rien. À la caserne des gladiateurs, on l'a soigné et pansé. Il n'était pas capable de tenir quoi que ce soit, bouclier ou filet, de sa main gauche. Il souffrait trop. Ce n'était pas une simple éraflure…

– Tu veux dire que c'était…

La voix de Marcellus tremble de plus en plus.

– Un coup d'épieu ? achève Scorpus. Oui ! c'en était un. Et donné de haut en bas, comme si Philéros s'était trouvé à quatre pattes au moment où tu l'as touché… J'ai montré ton épieu au médecin qui l'a soigné. Il pense que c'est peut-être l'arme qui l'a blessé, sans l'affirmer absolument.

– Ainsi, le loup qui a saigné trois de mes brebis et cet homme… ?

Marcellus semble tellement effrayé que les deux molosses, qui étaient tranquillement couchés à ses pieds, se redressent brusquement, le poil hérissé, les babines retroussées, et aboient furieusement.

– Oui, répond Scorpus, je suis presque sûr que c'est un loup-garou !

– Presque ?

– Presque, hélas ! N'oublie pas que je ne l'ai jamais vu se transformer en loup ou redevenir humain…

– Alors, il pourra recommencer, une autre nuit de pleine lune ? s'écrie Marcellus. Il pourra égorger à nouveau mes brebis ? Tu comptes attendre ce moment-là pour le tuer ?

– Non ! Mais je suis bien obligé d'attendre le moment où il redeviendra loup, là, sous mes yeux. Alors, crois-moi, je n'hésiterai pas un seul instant…

Et le bras de Scorpus s'abat violemment, comme s'il enfonçait son glaive dans les flancs de la bête.

– Comment feras-tu pour être là, à cet instant précis ? s'exclame Marcellus.

– J'ai beaucoup réfléchi, répond Scorpus. Et je n'ai trouvé qu'une solution : reprendre du service auprès de mon laniste, retourner me battre dans l'arène, risquer même d'y mourir…

– Pourquoi ? s'étonne Marcellus. Quel rapport avec cette bête immonde ?

– Je vais t'expliquer…

- 6 -

Scorpus a longuement guetté l'occasion. Elle finit par se présenter, la veille des calendes de Juillet. En effet, pour son anniversaire, l'empereur Trajan offre au peuple romain toute une journée et presque une nuit entière de combats à mort dans l'arène.

Tôt le matin, alors que les gladiateurs dorment encore, Scorpus vient trouver Titus Regulus, le laniste :

– Pourrais-tu t'arranger, lui demande-t-il, pour que tes hommes combattent la nuit ?

Titus Regulus fait la grimace. Il sait que les gladiateurs n'aiment pas affronter, à la lueur des torches, des lions et des tigres d'Afrique, surtout lorsqu'on y mêle de noirs taureaux d'Ibérie, comme ce sera le cas ce soir. Les dangers sont immenses et toujours imprévus. La gloire à peu près nulle. En général, on y envoie plutôt des condamnés à mort… Et voilà que Scorpus lui demande de sacrifier ses meilleurs combattants, qu'il pourrait vendre beaucoup plus cher à l'édile de Rome chargé d'organiser les jeux d'anniversaire de l'empereur.

Voyant le laniste tout près de refuser, Scorpus insiste :

– Si tu veux, je combattrai avec eux ! Je suis sûr qu'on te paiera un bon prix pour moi.

– Pourquoi irais-tu mourir dans l'arène maintenant que tu es riche et libre ? s'étonne Titus Regulus. Rien ne t'y oblige…

– J'ai promis ! répond Scorpus. Et je n'entends pas renier ma parole…

Et, lui parlant à l'oreille, il lui raconte son aventure de l'autre nuit…

– Comme tu veux, fait alors le laniste. Tu combattras ce soir. J'espère pour toi que tu en sortiras vivant, une fois encore…

À présent, Scorpus suit la troupe qui rejoint Rome. Tous les gladiateurs sont conviés à un grand banquet public. Ce sera peut-être leur dernier repas… Scorpus ne s'en préoccupe pas. Il pense au piège qu'il va tendre à Philéros.

Lorsqu'ils passent à proximité des tombes qui bordent la via Appia, il s'approche du Phrygien qui marche en fin de colonne, et lui murmure :

– Je vois que tu as retrouvé l'usage de ton bras. C'est bien ! Tu pourras te battre avec nous. J'espère que tu n'as plus peur de mourir dans l'arène…

– Pourquoi me demandes-tu cela ? gronde l'autre. Tiens-tu vraiment à me porter malheur ?

– Non, par Orcus ! Ce qui porte malheur, c'est de trébucher en passant devant une tombe.

Et, joignant le geste à la parole, Scorpus pousse rudement Philéros dans le dos, tout en bloquant une de ses chevilles avec son pied. L'homme, déséquilibré, s'affale entre deux stèles, se rattrape de justesse à une troisième, mais, emporté par sa vitesse, se retrouve de l'autre côté de la route.

– Alerte ! lance aussitôt Scorpus. Un homme essaie de s'enfuir.

Clodion se précipite. Il se jette sur Philéros qui se débat en protestant :

– Je ne m'enfuyais pas ! J'ai seulement trébuché entre deux tombes…

En prononçant ces mots, qui semblent le promettre à une malédiction prochaine, il s'écrie :

– Malheur à toi, Scorpus ! C'est toi qui m'as poussé, j'en suis sûr… Tu me le paieras, par tous les dieux infernaux !

Il se débat sauvagement, essayant de mordre et de griffer l'homme qui le tient fermement.

Scorpus le regarde : va-t-il se transformer en loup, là, sous ses yeux ? Si cela arrivait, par Hercule, il n'aurait pas à combattre dans l'arène ! Il tuerait Philéros sur le champ, ici même, tout près de l'endroit où il s'est transformé…

Non ! Le Phrygien continue seulement de se débattre entre les mains de Clodion…

– Attachez-le solidement, ordonne Titus Regulus, qui les a rejoints, alerté par les cris. Une fois arrivés à Rome, enfermez-le jusqu'à ce soir… Nous verrons dans l'arène s'il est toujours aussi féroce, ajoute-t-il avec un petit rire cruel.

- 7 -

La nuit tombe sur le Colisée. Sous les cris de joie de la populace qui réclame toujours plus de sang, on enlève les cadavres des derniers gladiateurs tués en combats singuliers.

Place maintenant aux arbres, aux rochers, aux ruisseaux, aux cascades. Place aux lions qui rugissent, aux tigres qui bondissent, aux taureaux qui se jettent sur tout ce qui bouge. Place enfin aux gladiateurs, qu'on fait entrer en différents points de l'arène, pour que chacun se retrouve seul, sans armes, face aux fauves qui guettent dans l'ombre…

Lorsque Scorpus y pénètre à son tour, un taureau furieux se précipite sur lui. Scorpus s'accroche à ses cornes avant de se laisser tomber sur le sol, entraînant ainsi la bête qui trébuche en mugissant. Une lionne affamée se jette sur eux. Scorpus se laisse rouler sur le côté, pendant qu'elle s'en prend au taureau et le déchire à coups de griffes et de dents.

Le gladiateur se relève rapidement, regarde autour de lui, sans plus s'occuper d'eux. Par quelle porte est entré Philéros ?

Il sait que le Phrygien est resté enfermé dans une cellule du Colisée pendant que les autres gladiateurs banquetaient. Ainsi, comme il le souhaitait, Philéros n'a rien mangé de la journée et doit être enragé ! Dès qu'il sera dans l'arène, la faim le poussera à se transformer en loup, comme l'autre nuit…

La lune passe brusquement par-dessus les murs de marbre blanc de l'amphithéâtre. Elle jette une lumière crue sur les premiers duels qui s'engagent entre les bêtes et les hommes. Là, un gladiateur lance sa tunique sur les yeux d'un lion pour l'aveugler avant d'essayer de l'étrangler de ses mains nues. Plus loin, un taureau projette un combattant à plus de dix pieds du sol. Le malheureux retombe sur un rocher comme un pantin désarticulé.

Scorpus lève les yeux et aperçoit Marcellus, debout dans les gradins. Le jeune berger lui fait de grands signes de la main tout en lui criant quelque chose. Mais, au milieu des vociférations de la foule, des hurlements des bêtes et des cris de douleur des gladiateurs blessés, Scorpus n'arrive pas à entendre ce qu'il lui dit.

Veut-il l'avertir de quelque danger ? Cherche-t-il à lui montrer un tigre prêt à se jeter sur lui ? Non ! Il lui désigne Philéros debout derrière un rocher. L'homme est en train d'enlever sa tunique. Personne ne fait attention à lui ! On dirait même que les fauves s'en détournent…

Scorpus n'hésite pas. Il se glisse vers lui. Il ne faut pas qu'il le perde de vue. Et, à l'instant où il se transformera…

Scorpus s'arrête brusquement, en retenant un cri de dépit et de rage. Il a oublié qu'il n'avait pas d'armes… Vite ! Il regarde autour de lui, se saisit d'une branche à moitié cassée, l'arrache au tronc qui la retient encore.

Apercevant un tigre tapi dans un recoin sombre, il s'approche de lui, le frappe sur le museau avec son bâton. Le tigre, tout en feulant sourdement, se jette sur l'extrémité de la branche, la mord rageusement, pendant que Scorpus, ignorant le danger, la tire vers lui de toutes ses forces.

Lorsqu'il réussit enfin à la retirer de la gueule du tigre, la branche semble avoir été taillée au couteau, tellement son extrémité est acérée. Au même instant, le fauve se jette sur lui. D'un bond, Scorpus l'évite, puis, se laissant tomber sur lui, il lui entoure la gorge de ses bras puissants et l'étrangle…

Quand il se relève enfin, Philéros a une nouvelle fois disparu après avoir abandonné ses vêtements au pied du rocher. Il ne sera pas facile de le retrouver au milieu de toute cette végétation, avec tous ces fauves…

Scorpus s'élance au milieu de l'arène, comme s'il y était seul. Un taureau le renverse d'un coup de corne. Un lion lui lacère le dos de ses griffes. Blessé, il se débat pour lui échapper et finit par se relever, difficilement. Il lui enfonce son épieu improvisé dans la gorge. Le lion tombe aux pieds du gladiateur qui repart aussitôt. Mais il ne voit de loup nulle part ! Philéros aurait-il réussi à s'échapper de l'amphithéâtre ?

Scorpus se retourne vers les gradins. Il y cherche Marcellus. Lui aussi a disparu !

« Ainsi, pense Scorpus, désemparé, je suis venu ici risquer ma vie. Et pourquoi ? Je n'arrive pas à trouver ce maudit loup-garou. Et Marcellus m'a abandonné… »

Il va pour s'asseoir et attendre la mort qui ne tardera pas, quand il entend une clameur énorme monter des gradins. Il saute sur un rocher, regarde une nouvelle fois autour de lui. Il aperçoit un loup d'une taille monstrueuse et un taureau, tourbillonnant au milieu de l'arène. Le loup a planté solidement ses crocs dans la gorge du taureau. Celui-ci a beau secouer la tête, il n'arrive pas à lui faire lâcher prise.

– C'est le moment ! pense aussitôt Scorpus.

Il se précipite vers eux en brandissant son épieu. Le loup le voit, on dirait même qu'il le reconnaît. Il abandonne le taureau qui tombe sur le sol dans un flot de sang et, d'un bond prodigieux, se jette sur Scorpus. Ce dernier l'évite de justesse, sans pouvoir le toucher de son arme. Déjà, le loup revient à l'attaque furieusement. Ses yeux jaunes brillent dans la lueur des torches. Ses babines couvertes de sang dévoilent, en se retroussant dans un rictus épouvantable, une double rangée de crocs énormes.

Autour d'eux, les combats ont cessé, comme par magie. Les fauves reculent en grondant vers les grilles qui les empêchent de rentrer dans leurs cages. Les gladiateurs encore debout se rapprochent des deux adversaires…

Le loup charge à nouveau. Cette fois, Scorpus le laisse venir. De tous les points des gradins, les cris du public montent et Scorpus aperçoit tous les pouces des spectateurs baissés. Il sait ce que cela signifie !

– Tue-le ! hurle la foule. Égorge-le !

Le gladiateur se laisse tomber sur le sol. Lorsque le loup est tout près de lui, il met un genou à terre, cale contre sa poitrine l'épieu qu'il tient fermement de ses deux mains. Le loup vient s'y empaler dans un hurlement sauvage qui glace d'effroi tous les spectateurs avant de retomber mort sur le sable de l'arène.

Scorpus voit alors, sous le pelage noir et gris, reparaître le corps de Philéros et, sur son visage crispé par la mort, le dernier rictus du loup !

– Je vois que tu as tenu ta promesse !

Scorpus se retourne et découvre Marcellus, debout derrière lui.

– Qu'est-ce que tu fais là ?

– J'ai sauté dans l'arène, tout à l'heure. J'espérais pouvoir te venir en aide. Pourquoi aurais-tu été le seul à risquer ta vie pour débarrasser la Campanie de ce monstre ? Malheureusement, tu ne m'en as pas laissé le temps…

Non loin de là, des esclaves, armés de fouets et de piques, font rentrer les fauves dans leurs cages.

Et la voix de l'édile proclame :

– Les jeux du cirque offerts par notre divin empereur pour son anniversaire s'achèveront sur cette victoire ! Les gladiateurs blessés auront la vie sauve. Et pour son courage, Scorpus recevra…

Mais l'ancien gladiateur ne l'écoute plus. Il quitte le Colisée en compagnie de Marcellus.

– Je t'avais promis une récompense, lui dit alors le jeune berger. Eh bien, mon père veut t'offrir une de mes sœurs en mariage… Tu verras, c'est la plus belle de toutes !

L'embaumeur embaumé

de Johan Heliot
illustré par Bruno Bazile

Quand on fait un boulot comme le mien, il vaut mieux posséder un solide sens de l'humour. Quand vous manipulez l'intérieur des cadavres à longueur de journée, vous n'avez pas souvent l'occasion de rigoler. Pour ne pas perdre la boule, il vaut mieux rire de tout, surtout de la mort elle-même. C'est une question de survie.

J'ai appris que les hommes n'étaient pas les seuls à aimer s'amuser. Les dieux qui gouvernent nos destinées savent se montrer farceurs quand l'occasion se présente. Le problème avec les dieux, c'est que leur humour est difficilement compréhensible et qu'il ne fait rire qu'eux. Je m'en doutais déjà, mais depuis que j'en ai rencontré un, j'en ai la confirmation !

Mais commençons depuis le début.

Je venais d'ouvrir mon atelier, ce matin-là, quand je reçus la visite d'Ennéné, employé au Trésor royal, l'un des innombrables gratte-papier qui faisaient tourner l'administration de Pharaon. Mais, à la différence des autres scribes, Ennéné tenait les comptes de la fortune royale, ce qui lui conférait un certain pouvoir – et attirait sur lui pas mal de convoitise et de jalousie, comme j'allais, hélas, m'en rendre compte sous peu…

– Je te salue, Samothep. Comment vont les affaires ?

– Salut, Ennéné. Couci-couça, mais je ne me plains pas. Qu'y a-t-il pour ton service ?

Ennéné prit un air gêné. Il parcourut du regard les outils et les vases exposés près de l'entrée avant de répondre :

– Ma demande va te paraître bizarre, peut-être même de mauvais augure, Samothep.

– Tu me permettras d'en être seul juge. Que puis-je pour toi ?

– Voilà : j'ai besoin de savoir ce qui va m'arriver quand je passerai entre tes mains, embaumeur.

Je restai silencieux un instant, perplexe. Je n'avais pas l'habitude d'expliquer mes petits secrets à un futur client.

– Allons, Ennéné ! m'écriai-je. Tu me parais en

pleine forme, encore dans la force de l'âge. J'aurai moi-même sans doute trépassé longtemps avant que tu ne sentes venir la mort !

Si j'avais pu deviner combien mon trait d'humour avait valeur de prédiction, j'aurais tourné sept fois ma langue dans ma bouche avant de parler. Ennéné sourit et s'avança pour me murmurer la suite, sur le ton de la complicité :

– Si j'occupais une fonction moins stratégique au palais, je dirais que tu as raison, Samothep. Seulement, ce n'est pas le cas. Tu n'as pas idée du nombre d'intrigues et de complots fomentés à la cour de Pharaon. J'y ai beaucoup d'ennemis, très puissants. Je redoute chaque jour de boire la coupe de poison qui me sera fatale. Si je savais ce qui m'attend après la mort, je me sentirais rassuré. Tu comprends ?

Je comprenais. La tension accumulée dans l'exercice de ses fonctions l'avait rendu dingo, et alors ? Si une petite démonstration pouvait alléger le fardeau pesant sur ses épaules, je n'allais pas la lui refuser.

– J'espère que tu as le cœur bien accroché, Ennéné, le prévins-je. Ce n'est pas un spectacle très folichon…

– Je te remercie d'accéder à ma requête, embaumeur ! fut sa seule réponse.

Je le conduisis donc dans la salle principale de mon atelier, là où se déroulaient les choses sérieuses, à l'abri des regards indiscrets. La première pièce me sert uniquement à recevoir les familles des défunts. J'y expose quelques modèles de vases et des reproductions de momies en bois peint, afin que les parents du trépassé puissent choisir un type de cérémonie correspondant à leurs moyens. Je propose en effet trois sortes d'embaumements, du plus raffiné, qui reproduit celui du dieu Osiris[1], au moins coûteux, également moins soigné. J'expliquai tout cela à Ennéné alors que nous franchissions le rideau de jonc tressé qui séparait les deux parties de l'atelier.

– Tu as de la chance, scribe. J'étais sur le point de procéder à la préparation de Ménourès.

Je désignai le corps replet allongé sur ma table de travail, sous la lueur des lampes à huile. Vu ainsi, il ressemblait à une outre aux trois quarts pleine, en train de se vider peu à peu – ce qu'il était en un certain sens.

– Qui est-ce ? s'enquit Ennéné.

– Un marchand de vin du Delta. Il a eu une belle vie. Ses enfants me l'ont apporté hier. Tu es certain de vouloir assister à ce qui va suivre ?

Ennéné opina. Je passai mon tablier de cuir et m'emparai de mon crochet de fer, un instrument effilé muni d'un long manche. Je le montrai à Ennéné et lui demandai :

– Sais-tu à quoi cela sert ?

Le scribe avoua son ignorance. Je pris le temps

1. Dieu des Morts qui a régné sur Terre avant de devenir le souverain de l'au-delà.

de lui répondre, ménageant mes effets, dans l'espoir de le dégoûter, car je n'étais pas enthousiasmé à l'idée d'opérer sous le regard d'un spectateur. Comprenez-moi, je jouissais d'une bonne réputation dans tout Memphis et je ne voulais pas que les commentaires d'Ennéné puissent la ternir, si jamais ce qu'il allait découvrir l'horrifiait. D'un autre côté, en tant qu'employé du Trésor royal, Ennéné pouvait m'attirer la clientèle du palais, une clientèle riche, est-il besoin de le préciser.

– Je vais glisser ce crochet dans les narines de Ménourès, dis-je. Puis je vais lui retirer le cerveau du crâne, par petits morceaux.

J'attendis la réaction d'Ennéné. Celui-ci ne parut pas choqué.

– Les morts n'ont pas besoin de penser, fit-il remarquer. C'est leur âme qui parle quand ils se présentent devant Osiris.

Que voulez-vous répondre à ça ? Je désignai du doigt une petite fiole rangée sur une étagère.

– J'utilise des drogues pour dissoudre ce qui reste du cerveau et nettoyer la boîte crânienne. Ensuite, je m'attaque au ventre du patient…

Je présentai à Ennéné la pierre coupante avec laquelle je comptais inciser le flanc de Ménourès. Je promenai l'outil sur le côté de la bedaine du marchand de vin, d'un geste vif.

– Comme ceci, là et là encore… Alors, je peux le vider.

– Que fais-tu des viscères ?

– Je les dépose dans un vase prévu à cet effet.

Il y en a de plusieurs sortes, plus ou moins décorés, pour toutes les bourses. Mais ils vont toujours par quatre : un pour le foie, un pour les poumons, un pour l'estomac, le dernier pour les intestins. Le bouchon de chaque vase est à l'effigie du génie qui assure le fonctionnement de l'organe qu'il reçoit : une tête d'homme pour Amset, une tête de babouin pour Hapi, une tête de chien pour Douamoutef, une tête de faucon pour Qébehsenouf.

Je montrai encore les quatre vases choisis par les enfants de Ménourès, alignés sous la table de travail, prêts à accueillir leurs offrandes.

– Très intéressant, commenta Enněné. Ensuite ?

– Eh bien, il faut purifier l'intérieur de la carcasse, à l'aide de vin de palme. Puis remplir le ventre avec un mélange de plantes aromatiques et le recoudre. Là, mon travail est presque terminé.

J'invitai Enněné à me suivre dans le fond de l'atelier. Une demi-douzaine de vastes récipients étanches occupaient tout l'espace. Le premier était encore inoccupé. Je m'en approchai et repris :

– Ménourès va passer ici les soixante-dix jours qui séparent sa mort de sa résurrection. Son corps sera couvert de sel qui absorbe toute l'humidité de la momie. Enfin, il sera lavé puis enveloppé de bandelettes, avant d'être mis au tombeau. Mais je ne m'occupe pas de ces dernières opérations. C'est le travail des « chanceliers du dieu », de « l'embaumeur d'Anubis », du « préposé au secret de l'atelier d'embaumement », et du « prêtre lecteur » qui accompagne la cérémonie en récitant les rituels sacrés.

– Je vois, dit Ennéné. Une fois la momie déposée dans son bain de sel, tu ne la revois plus, c'est bien ça ?

J'acquiesçai. Le scribe m'adressa un sourire.

– Parfait. C'était très instructif, Samothep. J'ai maintenant moins peur d'affronter cette épreuve, car je sais que je passerai entre de bonnes mains. Merci beaucoup.

– Tu connais la théorie, c'est vrai, fis-je remarquer.

J'agitai mon crochet et demandai :

– Ne veux-tu pas passer à la pratique ?

Ennéné secoua la tête. Son sourire avait disparu.

– Je te laisse à ton tête-à-tête avec Ménourès. Salut, embaumeur !

Le scribe quitta l'atelier. Je ne devais plus le revoir vivant.

J'avais oublié la visite d'Ennéné quand, trois mois plus tard, un comptable du palais vint m'avertir de son décès. N'ayant pas de famille, il avait chargé son collègue de veiller sur sa dépouille, lui confiant un pécule à peine suffisant pour un embaumement de dernière catégorie.

– Ennéné n'a jamais été riche, s'excusa le comptable en me remettant une cinquantaine de dében, soit à peine le prix d'un demi-bœuf sur le marché. C'est tout ce qu'il a laissé.

Je soupirai en empochant les pièces de cuivre. Évidemment, je n'ignorais pas que le scribe, comme tous les fonctionnaires d'Égypte, recevait son salaire en nature (nourriture, vêtements, etc.), mais j'avais espéré qu'en tant qu'employé du Trésor, Ennéné avait pu se constituer une épargne plus substantielle – les bijoux en provenance du palais possédaient une valeur d'autant plus grande qu'ils avaient été portés par un membre de la famille royale.

– Ça ira, je vais m'en occuper, promis-je. Apporte-le-moi demain. Au fait, comment est-il mort ?

Je me rappelais à présent les craintes exprimées par le scribe. Avait-il succombé à une machination comme il semblait le redouter ?

– Oh, bêtement, m'informa le comptable. Il était en train de remplir un registre tout en marchant, comme à son habitude, et il n'a pas fait attention… Son pied a glissé sur une flaque et il est tombé dans un bassin.

– Il s'est noyé ? Je ne pensais pas que les bassins du palais étaient aussi profonds.

– Ils ne le sont pas, assurément. Non, Ennéné n'est pas mort noyé, embaumeur.

Je ne comprenais pas.

– Comment, alors ?

Le comptable poussa un soupir.

– Eh bien, sache que dans ce bassin s'ébattait un fils de Sobek…

– Tu veux parler du dieu crocodile ?

– C'est bien ça. L'animal sacré a pour habitude d'être nourri de victimes, aussi a-t-il réagi avec Ennéné comme avec ceux qu'on lui sacrifie.

– Oh ! J'espère qu'il n'a pas souffert.

– Non, c'est allé très vite, heureusement. Deux coups de gueule et c'était fini. Il y a juste un petit problème…

– Oui ? Lequel ?

– Le crocodile sacré a commencé par la tête d'Enné né… À l'heure qu'il est, il doit encore la digérer paisiblement.

Je haussai les épaules.

– Voyons le bon côté des choses : ma besogne en sera simplifiée.

L'humour, comme je vous le disais en préambule, est primordial dans mon métier !

Le lendemain, la dépouille d'Enné né gisait sur ma table de travail. Le crocodile du palais n'avait pas raté son coup : le corps du scribe se terminait au-dessus du buste, par une blessure tellement nette que je pouvais distinguer les marques de chaque croc dans la chair.

Sautant le nettoyage du cerveau pour cause d'absence de ce dernier, je passai directement au ventre. Le vidage et le rembourrage m'occupèrent toute la matinée. Au moment de prendre ma pause déjeuner, les quatre vases traditionnels étaient emplis et scellés. Je n'avais plus qu'à préparer Enné né à prendre son bain de sel des soixante-dix prochains jours.

Je sortis pour prendre l'air et me promener sur le marché. Après plusieurs heures passées à respirer les entrailles d'un cadavre, même l'odeur des bouses disséminées par les bestiaux me paraissait suave. J'échangeai deux dében contre un pain rond, quelques oignons et un cruchon de bière, que j'avalai en déambulant parmi la foule. Puis je regagnai mon atelier, l'estomac plein et l'esprit plus léger.

Ma table de travail était vide. Ennéné avait disparu.

Une fois remis de ma stupeur, je me précipitai dans la salle du bain de sel. Toutes les cuves étaient occupées, sauf celle réservée au scribe. Je me penchai dessus, pour être certain que le corps ne se trouvait pas au fond, dissimulé sous une couche de sel – même si je savais que c'était impossible. La pièce était faiblement éclairée par une unique lampe à huile (en fait une coupelle de pierre taillée d'où dépassait un chiffon torsadé en guise de mèche) pendue au plafond. Néanmoins, je vis distinctement une ombre se glisser sur la mienne. Je tressaillis, m'apprêtais à faire volte-face, quand je reçus un coup violent à la nuque.

Je m'écroulai, à moitié affalé dans la cuve, et perdis connaissance.

Lorsque je revins à moi, je remarquai tout de suite que quelque chose clochait. D'une part, je ne me trouvais plus dans mon atelier, mais dans un endroit beaucoup mieux éclairé, même si je ne pouvais pas deviner la source de cette magnifique lumière dorée qui semblait arriver de partout à la fois. D'autre part, une tête de chien noir me fixait

en gros plan. Je compris que j'avais un gros problème quand la gueule du chien s'ouvrit et qu'il me dit :

– Sois le bienvenu, Samothep. Je t'attendais.

Je me relevai d'un bon, pour retomber aussitôt à genoux, face contre terre devant le dieu – *mon* dieu, celui de tous les embaumeurs, le « seigneur de la nécropole » en personne : Anubis[2].

– Allons, pas de simagrées. Relève-toi, Samothep.

2. Le dieu de la Momification est un chien noir ou un homme à tête de chien noir.

Tremblant, je n'osais pas bouger. Je parvins cependant à demander :

– Suis-je mort, ô « président du divin pavillon » ?

Anubis émit un couinement comique, l'équivalent canin d'un rire, je suppose.

– Que ferais-tu ici si tu étais toujours en vie ? dit-il. Allons, Samothep, tu connais la règle mieux que quiconque ; j'accueille les âmes des défunts, je suis le messager entre le monde des vivants et l'au-delà. Je dois t'aider à te préparer pour ton entrevue avec le dieu-juge, Osiris.

Je connaissais la règle, oui, il avait raison. Je l'avais expliquée des milliers de fois aux familles éplorées pour les rasséréner après la perte d'un être cher. Mais ça faisait partie de mon boulot, j'en parlais comme du beau temps ou de la dernière crue du Nil, sans vraiment réfléchir au sens profond de ce que je racontais. Il y avait à présent une sacrée différence, sans jeu de mots : c'était moi le principal concerné, c'était à moi qu'Anubis s'adressait…

Je balbutiai encore :

– Que… Que m'est-il arrivé, « président du divin pavillon » ?

– Laisse tomber le protocole, soupira Anubis. Tu veux savoir comment tu es mort ? Je ne connais pas les détails, mais tu auras une partie de la réponse si tu jettes un coup d'œil sur ta poitrine.

Intrigué, je me redressai et m'examinai. Je constatai deux choses, dans l'ordre : la première, que j'étais entièrement nu, et, croyez-le ou non, je me sentis gêné de comparaître devant les dieux dans le plus simple appareil ; la deuxième, qu'une plaie propre et nette s'ouvrait à hauteur de mon cœur, là où vraisemblablement s'était enfoncée la lame d'un couteau. J'avais vu suffisamment de blessures analogues au long de ma carrière pour ne pas me tromper.

– On m'a assassiné ! m'écriai-je, incrédule.

– Eh oui. Ça m'en a tout l'air, fit Anubis.

Je me retournai vers le dieu, le découvrant en entier pour la première fois. Sa tête était bien celle d'un chien noir, mais le reste de son corps était celui d'un homme – un homme extraordinairement beau, parfaitement musclé, vêtu d'un pagne brodé d'or et d'argent. Il semblait flotter au cœur de la lumière dorée, comme s'il reposait sur un nuage enflammé. Je regardai sous moi et constatai que mes pieds foulaient un dallage immaculé, en forme de chemin sinueux qui partait se perdre dans le néant illuminé.

– Ce chemin mène à Osiris, indiqua le « seigneur de la nécropole », comme s'il avait lu mes pensées (et pourquoi pas ? C'était un dieu, je vous le rappelle).

Après un temps d'hésitation, Anubis demanda :

– Es-tu prêt à le parcourir ?

Je dus rassembler tout mon courage pour protester :

– Non ! C'est trop tôt ! Enfin, je veux dire que je ne m'y attendais pas…

– Rares sont ceux qui s'attendent à mourir,

Samothep. La plupart de ceux qui se présentent ici sont tombés au combat, ont été emportés par une maladie foudroyante ou la faim, quand ils n'ont pas été, comme toi, assassinés. Trop peu arrivent à moi au terme d'une longue et paisible existence.

– Je m'en doute, ô « seigneur de la nécropole ». Néanmoins, je souhaite formuler une requête…

Anubis prit un air surpris, ce qui se traduisit par une grimace comique de sa tête de chien, les babines retroussées sur une langue rose et baveuse. En dépit des circonstances, je dus me forcer à ne pas sourire.

– Je t'écoute, Samothep.

– Voilà : tu es le dieu des embaumeurs, on te surnomme d'ailleurs ainsi…

Le dieu-chien hocha le museau.

Je continuai :

– Celui qui m'a envoyé jusqu'à toi d'un coup de poignard expert a également porté une grave atteinte à notre corporation. Il s'est servi de moi et de mon modeste talent pour l'embaumement. Je ne connais pas ses raisons, mais elles sont certainement néfastes. De plus, je le soupçonne d'avoir occis un scribe du palais, avant moi. Bref, ô « président du divin pavillon », je te prie de m'accorder une nouvelle vie, afin que je puisse démasquer le coupable et rétablir l'honneur des embaumeurs, injustement bafoué dans cette affaire.

Anubis se gratta derrière l'oreille pendant qu'il réfléchissait à ma proposition.

– Ce que tu me demandes est assez inhabituel,

Samothep. Si ça ne tenait qu'à moi, je te renverrais illico à Memphis… Mais désormais, c'est Osiris le grand patron pour tout ce qui concerne les réincarnations. Il faut que je lui en réfère. Je ne serai pas long, attends-moi ici…

Et où aurait-il voulu que j'aille ? Avant que j'aie pu ajouter quoi que ce soit, Anubis s'était évaporé dans la lumière dorée.

Je restai là, pantois, sur le chemin qui traversait le néant entre la vie et la mort. J'ignore combien de temps passa, une seconde ou peut-être une éternité. Anubis réapparut finalement à l'endroit exact où il s'était tenu lors de notre première conversation.

– J'ai parlé à Osiris, annonça-t-il. Le dieu-juge est d'accord pour te renvoyer là-bas, à Memphis.

Une vague d'espoir déferla sous mon crâne. Je tentai de masquer ma joie, préférant marquer de la déférence pour les dieux qui m'accordaient une aussi grande faveur. Mais c'était sans compter avec le pouvoir d'Anubis, qui lisait dans les esprits :

– Ne te réjouis pas trop vite, Samothep. Il y a une condition. Tu es mort en tant qu'embaumeur, tu ne peux pas revenir sous cette forme.

– Oh, je comprends. Je vais être réincarné différemment. Ça ne fait rien, pourvu que je puisse confondre mon assassin. C'est même préférable, car je pourrai l'approcher sans qu'il me reconnaisse !

La tête de chien eut un sourire qui dévoila une double rangée de crocs jaunis.

– Tu peux être certain qu'il ne te reconnaîtra pas, Samothep. Bonne chance !

Je vous ai parlé de la facétie des dieux, au début de ce récit. De leur humour… particulier. En voici la preuve : après un bref éblouissement, je clignai des paupières sur un décor qui ne m'était pas inconnu. Ces colonnes majestueuses, ces grandes statues peinturlurées, ces milliers de hiéroglyphes sculptés dans la pierre des hauts murs d'enceinte, tout cela appartenait au palais de Pharaon !

Il y avait quelque chose de bizarre, cependant. Je reconnaissais le décor, mais pas ses couleurs. Comme si elles avaient été délavées par le clair de lune. Pourtant, il ne faisait pas nuit, puisque la place du palais bruissait d'une animation coutumière dans la journée : la foule des acheteurs et des vendeurs allait et venait, les plus pauvres et les infirmes demandaient l'aumône, les voleurs guettaient les bourses bien remplies, les animaux broutaient dans leurs enclos, etc.

Intrigué, je fis quelque pas en direction de toute cette agitation. Je constatai avec stupeur que je devais lever la tête pour observer le va-et-vient des badauds et des marchands ! Ils avaient tous l'air de géants, dont la tête culminait au ciel. Osiris m'avait-il donc réincarné en nain ou en nourrisson ? Et pourquoi ne distinguais-je pas les couleurs éclatantes de la façade du palais ?

Alors que je frôlais l'étal d'un vendeur d'articles précieux, comme on en trouve seulement là où rôdent les plus riches clients de la ville, j'eus la réponse à mes interrogations. Plusieurs miroirs étaient disposés au pied de l'éventaire, des disques de bronze et d'argent polis, qui réfléchissaient tous la même silhouette : celle d'un petit quadrupède à la fourrure soyeuse, aux longues moustaches qui vibraient dans l'air, et aux grands yeux de perle tout étonnés de se contempler sous cette forme.

Un chat ! Osiris m'avait renvoyé à Memphis dans la peau d'un *myéou*, comme l'on appelait chez nous un chat… J'en poussai un miaulement de dépit. Je crus entendre résonner l'écho du rire du dieu-juge, loin au-dessus de ma tête.

Mais que vouliez-vous que j'y fasse ? Je devais m'estimer heureux d'avoir bénéficié d'une seconde chance. Je me mis donc en route vers l'entrée du palais, testant mes nouveaux réflexes félins. Je dois avouer que j'appréciai la souplesse et la rapidité de mes muscles, moi qui avais toujours été plutôt lourdaud en tant qu'homme. Je me frayai un chemin dans la foule sans aucune difficulté, car mes contemporains vénéraient tous plus ou moins le *myéou*. Sans lui, en effet, les souris auraient ravagé depuis belle lurette nos stocks de blé et affamé la population des bords du Nil. Aussi chaque *myéou* domestique était-il libre de circuler où bon lui semblait sans que quiconque ne s'offusque de sa présence. Certains adoraient tellement leur animal qu'ils le faisaient momifier après sa mort – j'avais moi-même embaumé plusieurs dizaines de matous… À la vérité, je commençais à croire qu'Osiris m'avait fait un cadeau en me jouant ce tour, puisque j'allais pouvoir me glisser au cœur du palais sans attirer l'attention.

Ce que je fis dare-dare. Il me semblait naturel de commencer mon enquête auprès de l'ami d'Ennéné, le scribe qui avait apporté son corps à mon atelier et m'avait remis le pécule du trésorier royal. En fait, je le soupçonnais d'être mon assassin. Il était la dernière personne à m'avoir parlé et savait quand je devais m'occuper d'Ennéné, seul dans mon atelier. Son mobile ? Récupérer la somme versée pour la momification de son collègue. Ne vous étonnez pas, on a souvent tué pour beaucoup moins que ça dans Memphis ! Aucun scribe ne devient riche, rappelez-vous qu'ils sont payés en nature et ne peuvent pas accumuler de fortune personnelle. Alors, un meurtre valait le risque encouru, même pour une poignée de dében…

Je me perdis rapidement dans le dédale du palais. Ce n'étaient que galeries, salles et corridors, passages et escaliers, sans aucune indication. Et impossible de demander mon chemin aux nombreux serviteurs, gardes ou scribes que je croisais. Finalement, je débouchai sur l'un des multiples jardins intérieurs. Là, une puissante odeur animale titilla mes narines aux sens hyper-développés. Un signal d'alarme se déclencha sous mon crâne. Je me coulai à petits pas jusque dans un fourré pour observer les alentours à mon aise.

L'odeur pestilentielle provenait d'un grand bassin bordé de céramique, creusé au milieu du jardin. Le danger qui émanait de l'onde était presque visible, pour mes yeux de chat du moins. Pourtant,

la surface de l'eau était calme, parfaitement lisse. Je m'approchai jusqu'au bord du bassin et risquai un coup d'œil par-dessus. D'abord, il ne se passa rien. Mon sixième sens félin s'affolait toutefois de seconde en seconde.

Soudain, une masse monstrueuse fendit les flots dans un jaillissement d'écume. Une mâchoire terrifiante se referma en claquant à l'exact endroit où je me tenais un instant plus tôt. Sans les réflexes aiguisés de ce nouveau corps, j'aurais connu ma deuxième mort entre les dents du crocodile sacré entretenu par les prêtres du palais. Le reptile choisi pour incarner le dieu Sobek était une bête monumentale, sans doute plus vieille que le plus vieux des prêtres lui-même. Il poussa un cri rauque, déçu d'avoir manqué un repas supplémentaire, et se laissa retomber dans le bassin, où les eaux troubles le dissimulèrent.

Pas étonnant qu'Enténé se soit fait piéger par cette bestiole !

– Que se passe-t-il ici ? Tu es impatient de déjeuner, mon cher vieux lézard ?

Cette voix… Je l'avais déjà entendue, j'en aurais mis ma patte au feu. Je me faufilai en vitesse dans les joncs à proximité du bassin, encore tremblant.

Un homme de petite taille vint prendre la place que j'occupai. Il tenait une perche munie d'un crochet à une extrémité. Au bout du crochet se balançait un magnifique quartier de viande, qui avait dû coûter une petite fortune sur le marché.

Je ne distinguais pas son visage car l'homme me

tournait le dos. Il brandissait sa perche à bout de bras, au-dessus du bassin, promenant le morceau de viande de gauche à droite. Apparemment, il prenait beaucoup de plaisir à cette partie de pêche…

– Allons, montre-toi, vieux lézard ! interpella-t-il le crocodile, avec dans la voix une nuance de tendresse qui ne m'échappa pas.

Le locataire du bassin ne se fit pas plus prier. Son long museau bardé de crocs surgit des fonds boueux et happa sa proie d'un coup. L'homme éclata de rire. Puis il resta un moment à contempler son « cher vieux lézard » qui dévorait sa pitance.

Une fois repu, le crocodile plongea à nouveau et le bassin recouvra son calme. Alors seulement l'homme se retourna. Je laissai échapper un miaulement de surprise, heureusement étouffé par les derniers hoquets de rire d'Ennéné.

Ennéné, bien vivant, la tête sur les épaules !

Mille et une questions se bousculaient dans mon esprit : si le scribe était toujours en vie, à qui appartenait le cadavre décapité que j'avais commencé de préparer pour la cérémonie de momification ? Et pourquoi m'avoir joué cette comédie ?

Mais le temps n'était pas aux devinettes ; Ennéné quittait le jardin, essuyant une dernière larme de rire. Je me glissai derrière lui, plus silencieux qu'une ombre. Nous empruntâmes de nouvelles galeries, nous enfonçant de plus en plus profondément dans le cœur du palais. Enfin,

Ennéné s'arrêta devant une large porte barrée par deux gardes, la mine patibulaire. Le scribe leur adressa quelques mots. J'en profitai pour m'avancer à pas de loup (enfin, de *myéou*...) jusqu'à la porte, rampant entre les jambes des gardes. Puis Ennéné utilisa la grosse clé qui pendait à sa ceinture pour déverrouiller la serrure et il entrouvrit un battant. J'entrai derrière lui. Le comptable faillit me couper la queue en claquant brusquement la porte.

Je ne pensais toutefois pas à me plaindre ; j'étais trop ébahi pour cela. La pièce dans laquelle nous venions de pénétrer regorgeait de richesses. Partout, ce n'étaient que joyaux, or et argent ; colliers, bracelets, doigtiers et pectoraux façonnés par les plus grands orfèvres du royaume ; amulettes et statues de divinités, de toutes tailles, sculptées dans les matériaux les plus précieux. Bref, je compris que nous nous trouvions dans la salle du trésor de Pharaon !

Ennéné se dirigea tout droit vers un coffre débordant de bijoux. Prenant le temps de faire son choix, admirant les pièces les unes après les autres, il remplit le sac qu'il avait caché sous sa tunique et noué autour du ventre. Une fois lesté d'une véritable fortune, il rabattit les pans de sa tunique sur sa bedaine et sortit.

Je lui emboîtai à nouveau le pas dans le labyrinthe du palais. Tout en filant le scribe peu scrupuleux, je réfléchissai. Ennéné volait donc Pharaon, il n'y avait plus à en douter. Et personne ne remarquerait la disparition des bijoux dérobés, puisque c'était lui, Ennéné, qui tenait les comptes du Trésor ! Il lui suffisait de supprimer une ligne de calcul par ici, d'en ajouter une par là, et le tour était joué ! Qui irait soupçonner un fidèle employé du palais de s'enrichir aux dépens de Pharaon ? Mais comment espérait-il profiter de ses biens mal acquis ? S'il s'avisait de troquer les bijoux du Trésor dans Memphis, on le dénoncerait certainement, par peur des représailles – Pharaon ne plaisantait pas avec ceux qui le trahissaient et leurs complices, tous expédiés devant Osiris sans autre forme de procès !

Nous quittâmes le palais. Ennéné obliqua aussitôt dans une ruelle animée, puis une autre, et encore une autre. Mon cœur se serra dans ma poitrine de chat quand je compris où le voleur se rendait.

Mon atelier…

Ennéné entra dans ma boutique comme s'il y était chez lui. Cela me mit en rage et je crachai, le dos rond et le poil dressé sur l'échine. Une fois calmé, j'entrai à mon tour. La première pièce était vide. Dans la seconde, celle des cuves à bain de sel, je retrouvai Ennéné en grande conversation avec une autre vieille connaissance : le comptable venu m'apporter le cadavre sans tête.

– Cesse de pleurnicher, le morigénait Ennéné. On dirait que tu portes vraiment le deuil, ma parole ! Tu as l'air d'une pleureuse professionnelle, se moquait-il.

– Nous avons pris assez de risque, Ennéné ! Et

accumulé suffisamment pour vivre comme des rois à l'étranger. Il est temps de quitter l'Égypte avant que Pharaon ne s'aperçoive de quelque chose.

– Quel froussard tu fais. Mais tu as raison, il est temps de partir. Notre coffre est plein !

Tout en parlant, Ennéné avait dénoué son sac et s'était approché d'une cuve. Stupéfait, je le vis déverser le fruit de son larcin à l'intérieur. Je sortis mes griffes et grimpai à une poutre pour profiter d'un meilleur point de vue. Comme je l'avais tout juste deviné, un cadavre gisait dans la cuve ; son ventre débordait de joyaux, en lieu et place du rembourrage ordinaire, constitué de plantes et d'aromates.

– Cela fait déjà deux morts ! se plaignit le complice d'Ennéné. Quelqu'un va finir par remarquer leur disparition.

– Le premier était presque un accident… Cet abruti de prêtre n'avait qu'à faire attention. Ce n'est pas ma faute s'il a glissé dans le bassin en nourrissant le vieux lézard.

– Tu savais que le crocodile essaierait de le croquer ! Tu l'as dressé exprès pour ça !

Ennéné haussa les épaules. Je comprenais maintenant la raison de son petit manège avec le crochet et le bout de viande.

– Admettons, fit Ennéné. Mais reconnais au moins que mon plan est génial ! Je peux me servir dans le Trésor royal, mais pas quitter Memphis le dos chargé de joyaux sans me faire arrêter par les gardes de faction aux portes de la ville. Mais ils n'oseront pas fouiller une momie ! Ni embêter un cortège funèbre en route pour la dernière demeure du défunt. Tu as pu le constater, d'ailleurs, quand nous avons fait notre premier voyage avec le prêtre…

Ainsi donc, voilà pourquoi Ennéné était venu se renseigner sur la façon de procéder à un embaumement.

– D'accord. Mais nous avions prévu un seul voyage. Samothep ne devait pas figurer au programme. Nous courons un risque inutile avec lui.

À l'énoncé de mon nom, je me raidis sur la poutre.

– L'embaumeur va nous rendre plus riches encore et tu râles ? plaisanta Ennéné. S'il n'était pas revenu chez lui si tôt, il aurait trouvé le cadavre du prêtre à sa place, recousu de frais après notre petite substitution. Je n'aurais pas été obligé de le tuer pour l'empêcher de nous dénoncer.

Je sentis la colère monter depuis mes coussinets jusqu'aux poils de mes oreilles. Je venais de comprendre à qui appartenait le corps couché dans la cuve. Je ne savais pas ce qui m'énervait le plus : m'être fait duper par Ennéné, ou avoir été embaumé pour servir de coffre au trésor à cette crapule !

Je ne me contrôlais plus. Je lâchai un crachotement terrible et sautai sur les épaules d'Ennéné, toutes griffes dehors.

Le scribe se mit à crier tandis que je lacérai sa tunique et la peau de son dos.

– Maudite bestiole ! hurlait-il en se débattant. Aide-moi à m'en débarrasser !

Le complice d'Ennéné m'empoigna par le cou et tira pour tenter de m'arracher à ma proie. Mais j'étais trop furieux pour lâcher prise. Nous continuâmes à lutter tous les trois, dans un tourbillon de cheveux et de poils volant en tous sens. Puis, tout à coup, Ennéné heurta le bord de la cuve, et nous basculâmes tous à l'intérieur, recouvrant le corps qui s'y trouvait – *mon* corps.

Alors tout devint noir et glacé autour de nous, comme dans une véritable sépulture…

– Te revoilà, Samothep. Tu as accompli ta mission ?

La face canine d'Anubis était penchée au-dessus de moi. Je constatai que j'étais prêt à l'attaque, le poil hérissé – les chats réagissent toujours ainsi en présence d'un chien, fût-il un dieu !

– Oui, je vois que tu as trouvé ton assassin, continua Anubis.

Je me calmai et suivis son regard. Ennéné reprenait conscience à mes côtés. Il avait une énorme bosse sur le front. Je supposai qu'il s'était tué dans sa chute, en heurtant la cuve du bain de sel ! Quand il aperçut Anubis, le scribe se mit à trembler et se prosterna devant lui.

– Tu as beaucoup à te faire pardonner, misérable ! aboya Anubis. Prépare-toi à comparaître devant Osiris, le dieu-juge !

Enténé fut entraîné sur le chemin qui conduit vers l'au-delà, pleurant et gémissant.

– Quant à toi, Samothep, reprit Anubis sur un ton plus doux, que désires-tu ? Suivre toi aussi ce chemin, ou bien retourner chez toi ? Osiris semble t'avoir pris en affection. Sans doute tes aventures l'ont-il distrait. Bref, il t'accorde une troisième chance dans le royaume des mortels. Si tu es d'accord, hoche le menton. Mais rappelle-toi qu'il y a une condition pour toute réincarnation…

J'étais au courant, et je m'en moquai. Tout, plutôt que suivre le même chemin qu'Ennéné ! Je hochai donc le menton. Anubis approuva :

– Parfait, Samothep. Alors, je te dis au revoir, à nouveau, dans très longtemps, j'espère…

La lumière dorée m'engloutit.

La faim me fit reprendre conscience. Je me trouvai dans un endroit très humide, mal éclairé, et je me sentais plus vieux que je ne l'avais jamais été.

Un mouvement attira mon attention, au-dessus de ma tête. D'instinct, je me précipitai dans sa direction. Quand j'aperçus le quartier de viande suspendu au crochet brandi par un jeune prêtre, je poussai un grondement si terrifiant qu'il résonna longtemps sous la voûte du jardin intérieur du palais…

Quand je vous disais que les dieux possédaient un foutu sens de l'humour !

policier

Meurtre dans la cité-État

de Patrick Cappelli
illustré par Marc Bourgne

L'aube se lève sur Corcyre[1].

La cité qui surplombe la mer Ionienne s'éveille peu à peu. Quelques habitants vaquent à leurs affaires, avant que le soleil grec, implacable, ne les contraigne à chercher l'ombre et la fraîcheur.

Tout à coup, des cris s'échappent du palais, plus précisément de la chambre du gouverneur Aristélios. Des domestiques affolés sortent de la

1. Connue aujourd'hui sous le nom de Corfou.

pièce et donnent l'alerte. Aussitôt, les gardes se précipitent, mais il est trop tard : le responsable politique gît sur sa couche, baignant dans son sang, la gorge ouverte.

Dès la nouvelle connue, un messager est dépêché à Corinthe, la puissante cité-État qui a annexé Corcyre trois ans auparavant. Les oligarques[2], qui gèrent cette ville, se réunissent pour décider de ce qu'il faut faire. Une dizaine d'hommes d'âge mûr arrivent de tous les coins de la cité : ce sont les prytanes, des magistrats nommés pour un an et véritables maîtres de la cité-État.

– Nous avons envoyé Aristélios pour administrer Corcyre en notre nom. Depuis que nous l'avons conquise, c'est la première fois qu'un événement de cette nature se produit. Ce meurtre ne peut rester impuni, c'est un défi à notre autorité. Il faut envoyer quelqu'un de confiance à Corcyre pour élucider ce crime, annonce d'emblée l'un des notables.

– C'est vrai, Corcyre est l'une de nos colonies, et l'on ne peut laisser impunément égorger nos représentants, surenchérit un autre.

– Oui, mais qui ? Cette tâche réclame du doigté et du caractère. L'émissaire devra trouver et châtier les coupables, sans pour autant soulever le peuple contre nous, analyse un troisième.

2. Une oligarchie est un régime politique dont les décisions sont prises uniquement par un nombre très restreint de personnes, les oligarques.

– Pourquoi pas Merxès ? C'est un bon soldat et un fin diplomate. Il a atteint l'âge respectable de quarante-cinq ans malgré les nombreuses batailles qu'il a livrées contre les Barbares. Je crois que c'est celui qu'il nous faut.

Les oligarques approuvent ce choix et convoquent le général Merxès.

Ce vieux baroudeur a franchi tous les échelons de l'armée corinthienne pour finir au plus haut rang. Un des magistrats prend la parole au nom de l'assemblée qui dirige la prospère cité-État de Corinthe :

– Merxès, tu as bien servi la cité durant toutes ces années. Aujourd'hui, nous te demandons un nouveau service. Sois notre émissaire à Corcyre et enquiers-toi des circonstances de la mort d'Aristélios. Ceux qui ont osé s'en prendre à notre représentant devront en payer le prix. Tu as tous pouvoirs pour trouver et punir les coupables. Prends une escorte armée, car des bruits de sédition nous sont parvenus, ce meurtre est peut-être le signal de quelque chose de plus important. Méfie-toi de tout le monde.

À ces paroles, Merxès, homme massif et barbu, au corps couvert de cicatrices glanées lors de ses multiples combats, se rembrunit. Il est tout proche de la retraite, et comptait bien passer ses dernières années dans le confort de sa grande demeure d'Égine, non loin de Corinthe.

– Mais, respectés oligarques, je suis un guerrier, pas un magistrat comme vous. Comment pourrai-je mener à bien cette mission qui s'avère délicate ?

– Justement, elle requiert habileté et fermeté, deux qualités que tu as su montrer au fil des années. Prends une cinquantaine d'hoplites[3] et va à Corcyre. Nous saurons récompenser cet ultime effort de ta part au service de Corinthe, conclut d'un ton sans appel un oligarque au visage grave.

Le vieux général se retire et rentre prévenir sa famille de son prochain déplacement dans le Nord. En chemin, il réfléchit à sa mission. Outre qu'un ordre du gouvernement corinthien ne se discute pas, il se trouve qu'Aristélios et Merxès étaient amis. Ils se sont connus quand ce dernier n'était qu'un jeune capitaine fougueux, et Aristélios un nouveau magistrat fraîchement élu. Ils se sont liés d'amitié, puis leurs routes se sont séparées. Ils se sont revus de temps en temps, au gré de leurs affectations dans les différents points du territoire contrôlé par la cité-État.

Cela faisait plusieurs années que Merxès caressait l'idée de rendre visite à son vieil ami. Découvrir l'île de Corcyre, réputée pour la beauté de ses rivages, lui aurait bien plu. Hélas, cette visite aura bien lieu, mais dans des circonstances tragiques…

Une semaine plus tard, l'envoyé spécial de Corinthe débarque sur l'île, située au nord-ouest de

3. Fantassins grecs.

la Grèce. Il entre dans la cité maritime sur son cheval aux crins tressés, précédant ses cinquante mercenaires à pied. Les hoplites arborent casque, cuirasse, bouclier et javeline, une lourde épée de bronze rebondissant sur leurs jambes fatiguées. Son arrivée ne passe pas inaperçue, et il est très vite reçu par une délégation des dignitaires de la ville.

Il y a là Achéon, frère d'Aristélios, jeune homme de haute stature, ombrageux et fier ; Délos, commandant de la garnison locale, petit et trapu ; Thucyde, responsable de l'administration de la ville, nommé par Corinthe, et des notables locaux de la cité îlienne.

Après les présentations d'usage, Thucyde s'adresse au représentant de la métropole corinthienne :

– Honorable émissaire de la cité-État, je te souhaite la bienvenue à Corcyre, au nom de tous les citoyens de notre île. J'espère que ton voyage s'est bien passé. Nous sommes honorés par ta venue, mais, bien entendu, nous aurions préféré des circonstances moins funèbres… Enfin, nous avons quand même une nouvelle positive à t'annoncer. Alors que tu cheminais sur les routes du Péloponnèse pour nous rejoindre, nous avons confondu le coupable de ce crime odieux contre l'oligarque Aristélios ! Amenez l'esclave !

Il claque dans ses mains et deux gardes entrent, traînant un homme d'une trentaine d'années couvert de chaînes. Des marques de coups sont visibles sur son visage et son corps. Nul n'a pris soin d'essuyer les traces de sang. Il est jeté au sol devant le siège du général grec.

Thucyde reprend la parole :

– Vois, Merxès, cet être vil qui a osé porter la main sur la personne d'Aristélios, que Zeus, seigneur de toutes choses, l'accueille à ses côtés sur le mont Olympe. Nos soldats ont fouillé les domiciles de tous les serviteurs et ils ont trouvé chez celui-ci les bijoux de son maître. Il a avoué son crime et sera supplicié dans deux jours. Nous espérons que les nobles magistrats seront heureux de recevoir cette information par tes soins, conclut le porte-parole, l'air réjoui, tout fier de l'efficacité des services de son administration.

Merxès est interloqué, mais il ne le montre pas. Il est partagé entre la joie de savoir l'assassin de son ami arrêté et la perplexité devant la rapidité de cette interpellation. Silencieux, il observe l'homme prostré à ses pieds, apeuré et tremblant. Cette histoire lui paraît bizarre. Pourquoi un esclave aurait-il tué un oligarque ? D'autant qu'Aristélios, selon les souvenirs de Merxès, était un magistrat juste et peu enclin à la violence avec ses domestiques, même avec les esclaves qui n'ont pourtant aucun droit… Et ce coupable désigné est trop évident. Merxès a encore en tête les avertissements des magistrats concernant un éventuel complot anti-corinthien.

– Bien, bien…

Sa voix grave résonne sur les murs de pierre. Avec sa tunique de cuir râpé, sa large carrure et son visage marqué par les combats, l'envoyé de Corinthe n'a pas l'air commode.

– Je vous félicite tous d'avoir trouvé aussi vite le meurtrier d'Aristélios. Les maîtres de la cité-État seront sans nul doute impressionnés par cette performance. Ramenez ce chien dans son cachot. J'irai le voir plus tard pour venger moi-même la mémoire de mon ami disparu.

À ces mots, l'esclave lève la tête vers le visage courroucé du général Merxès. Ce dernier lui semble immense et terrible, tel un démon venu des Enfers pour le punir. Il fixe ce géant et se met à crier :

– C'est pas moi, seigneur, je le jure, c'est pas moi !

Un des gardes lui assène une grande claque pour le faire taire. Les autres gardiens le tirent violemment par ses chaînes et l'emmènent. Merxès observe la scène, puis se retourne vers l'assistance :

– Qui a découvert le meurtrier ?

– C'est moi, en tant que commandant de la garde, répond Délos.

Plus large encore que Merxès, il est par contre beaucoup plus petit. Mais il se tient bien droit, affrontant le général du regard.

– Pourquoi avoir commencé par les domestiques ? demande Merxès.

– Ce sont les derniers à avoir vu le gouverneur

vivant. C'est la procédure normale, précise le petit soldat. D'ailleurs, ça a marché.

– Dites-moi, commandant, ça ne vous a pas paru étrange que cet esclave tranche la gorge de son maître, puis rentre se coucher chez lui auprès de sa famille, comme si de rien n'était ? questionne le général, cherchant à mettre à l'épreuve la sincérité de son interlocuteur.

Délos garde les mains croisées derrière le dos, jambes écartées, en position de militaire au rapport.

– Non. Un des gardes a trouvé les bijoux. Le vol est un mobile solide, hélas, assez répandu dans notre belle cité.

Le ton du commandant est courtois et posé, professionnel. Merxès l'observe attentivement, et, l'espace d'un court instant, il a l'impression que Délos sourit. Un sourire ironique, comme s'il se moquait de quelqu'un… Bien que fugace, cette manifestation de joie n'a pas échappé à la sagacité de l'émissaire corinthien.

– Bien sûr… Une dernière chose : n'ai-je pas entendu Thucyde dire, il y a un instant, que ce garçon avait avoué son forfait ? Pourtant, il semble avoir changé d'avis… Ses cris sonnaient juste. L'auriez-vous quelque peu aidé à faire sa confession ?

Merxès a noté l'état pitoyable du suspect, et il connaît parfaitement les méthodes des forces de sécurité des cités grecques. Délos reste stoïque devant cette accusation de torture à peine voilée.

– Cet esclave a résisté, il fallait le maîtriser. Vous savez ce que c'est, général, les soldats ont souvent la main lourde… En fait, il a avoué quand il a vu les bijoux. Nous n'avons pas eu besoin de le persuader.

– Bon, le trajet jusqu'à votre province m'a fatigué… Je vais prendre un peu de repos avant d'aller moi-même interroger le suspect, explique Merxès, avant de saluer le chef de la garde.

Pendant qu'il rejoint sa résidence, il songe aux personnalités de Thucyde et Délos. Le premier est mielleux, son regard est fuyant, et il paraît plus réjoui qu'effondré par la mort du gouverneur. Aurait-il un intérêt dans cette disparition ? Mais lequel ? Penserait-il à briguer la succession du défunt gouverneur ? Quant au second, c'est l'archétype du soldat efficace, qui en a vu d'autres et ne se laisse pas impressionner. Il a fait son travail de chef de la garde et son rapport a l'air vrai. Reste ce bref sourire : simple nervosité ou vraie duplicité ? Le général inscrit Thucyde et Délos sur sa liste des meurtriers possibles.

Après s'être lavé et reposé, Merxès se fait conduire dans le cachot du suspect. La prison est un bâtiment de brique assez bas et très sombre, adossé à la montagne qui surplombe la cité. Il se fait ouvrir la lourde porte bardée de fer et pénètre dans le réduit qui sert de prison. C'est une simple cavité dans la roche, sans autre ouverture qu'un trou minuscule qui ne laisse filtrer pratiquement

aucune lumière. Il fait encore jour, mais la pièce est obscure.

Le général doit se pencher tant la voûte est basse. Il allume la torche qu'il a apportée. Le bâton enduit de poix prend feu en grésillant. Dans sa lueur jaune, Merxès distingue un corps tassé sur un peu de paille humide. Un énorme rat détale, surpris par cette soudaine illumination. Recroquevillé dans son coin, le prisonnier est prêt à endurer les tortures que ne manquera pas de lui infliger son visiteur.

– Allez, raconte-moi ta version des faits, lui intime Merxès. Quel est ton nom ?

– Bahram, seigneur. Je vous jure que je n'ai rien fait !

Le ton de l'homme est brusque et renfrogné. Il est couvert de marques de coups et de traces de sang séché. Le général a déjà vu plus d'un gars frappé de la sorte pour lui faire endosser un délit quelconque : viol, pillage, désertion, la liste est longue comme une colonne de l'armée en route vers le champ de bataille.

Merxès reconnaît les blessures infligées pour faire mal sans risquer la vie du suspect. Juste assez pour lui faire dire son forfait et lui donner une bonne leçon.

– Ah oui ? Et pourquoi devrais-je te croire ? Les bijoux du gouverneur représentent une fortune pour un esclave tel que toi. Tu as une famille nombreuse, pas vrai ?

– C'est pas moi ! Les gardes m'ont frappé pour que j'avoue, mais j'ai rien fait. Ils ont surgi chez moi et ont tout retourné, criant et m'accusant d'avoir tué le maître. J'ai voulu me défendre, expliquer que j'avais dormi ici, avec ma femme et mes cinq enfants, comme tous les soirs. Mais ils ont commencé à me battre, ainsi que ma femme, et à bousculer les enfants. Mais je refusais toujours d'admettre le crime. Alors l'un d'eux, le chef de la patrouille, a retiré la main de mon vieux manteau et il a brandi une poignée de bracelets d'or fin, de bagues ornées de turquoises et d'autres bijoux qu'aimait à porter l'oligarque. « Et ça, tu te l'es payé avec quoi ? » a-t-il hurlé. Je ne savais plus quoi dire, je regardais les joyaux avec effarement. Puis ils m'ont amené ici. De toutes façons, c'en est fini pour moi, je le sais. Vous pouvez me frapper à votre tour, c'est pas moi ! insiste l'accusé, de plus en plus paniqué.

Puis il retombe sur son grabat, épuisé.

Merxès plante la torche dans le sol sableux et lui donne à boire l'eau de sa gourde en peau de chèvre. Le malheureux manque de s'étrangler tant sa soif est grande.

– Continue, lui dit l'émissaire de Corinthe, pressé d'entendre la suite de l'histoire.

– Arrivés ici, les gardes ont recommencé à me battre, mais je suis resté muet. Alors un homme a surgi. Il a menacé de tuer ma femme et de vendre mes enfants à un marchand d'esclaves égyptien. C'est un sort pire que la mort, seigneur. J'ai cédé et répété ce qu'ils voulaient. Un scribe a tout enregistré. Mais je jure que je suis innocent, que Zeus me pulvérise et toute ma famille avec moi si je mens.

Bahram, le regard halluciné, s'agrippe de toutes ses forces au bras musculeux de Merxès.

– Peux-tu me décrire ce type ? demande Merxès.

– Il était très grand et il était gaucher.

– Comment le sais-tu ?

– Parce qu'il m'a serré de la main droite et frappé de la main gauche…

– Son visage ?

– Hélas, seigneur, il portait un masque doré et était enveloppé d'un ample manteau noir.

Le général observe l'esclave d'un air dubitatif. Il

ne veut pas encore écarter l'hypothèse du crime crapuleux, mais cette mise en scène semble pour le moins étrange. Néanmoins, une telle mascarade pourrait correspondre à l'hypothèse de la rébellion contre Corinthe. Les magistrats qui l'ont envoyé ici n'ont-ils pas mentionné plusieurs fois ce cas de figure ? Et les comploteurs ont souvent recours à ce genre de déguisement pour éviter d'être reconnus.

– Ton histoire d'homme masqué est bizarre. Mais je ne veux négliger aucune piste et je veux bien t'accorder le bénéfice du doute. Mais si tu as menti, je te tuerai moi-même et tu regretteras d'être né ! conclut l'émissaire corinthien, abandonnant l'accusé dans sa geôle noirâtre.

Rentré dans ses appartements, Merxès se nettoie de la poussière et de la sueur et se prépare un bain. Il espère que les gardes ont déjà fait leur rapport à l'homme mystérieux, et que celui-ci doit être rassuré par leur récit. L'intervention de l'individu au masque d'or, si tant est qu'il existe, cadre bien avec l'hypothèse d'une conjuration. L'assassinat d'Aristélios pourrait donc avoir un motif politique…

Il fait porter un mot à Achéon, le frère cadet de l'oligarque assassiné. Celui-ci assure l'intérim du pouvoir en attendant que l'assemblée des notables corinthiens nomme un nouveau gouverneur pour cette province. Achéon sait que ses chances d'être choisi sont minces, car il est trop jeune pour le poste. La métropole préfère des hommes mûrs, des politiques accomplis, capables de relayer ses directives. Sur son parchemin, Merxès indique qu'il aimerait rencontrer Achéon pour lui présenter ses condoléances et évoquer la mémoire du défunt.

La réponse est prompte : le régent accueillera l'émissaire dès ce soir pour un dîner au palais.

Le général se rappelle avoir vu le jeune Achéon plusieurs fois lors de ses rencontres avec Aristélios. Un adolescent intrépide, fougueux et même inconscient, ambitieux aussi. Honnête, voire naïf, Achéon aurait pu faire un bon soldat, mais un piètre politicien. « Pas assez retors ni menteur », pense Merxès, qui en a côtoyé beaucoup durant ses trente années au service de la cité-État.

Mais le militaire, qui fonde toute sa technique d'enquête sur sa capacité à juger ses semblables, sait aussi que les gens sont compliqués, et prompts à se laisser submerger par leurs passions. L'ambition, le goût du pouvoir, la volonté de revanche sur un grand frère unanimement célébré peuvent être des moteurs puissants et amener au crime.

Surtout, le vieux soldat s'attache aux faits. Or, Achéon est très grand. Et en plus, il est gaucher. Autrement dit, il correspond parfaitement à la description qu'a faite Bahram de son tortionnaire.

Assis à la longue table de bois précieux, Merxès et Achéon digèrent lentement leur plantureux repas. Volailles, gibier, fruits divers et variés, vins fins : il y a longtemps que le général grec n'avait fait pareille bombance. Des grognements de satisfaction s'échappent des bouches des deux convives. « Corcyre n'a pas volé son surnom de grenier de l'Attique[4] », se dit Merxès.

Tout en mâchant une plante digestive, l'émissaire étudie le visage d'Achéon. Ouvert et franc, celui-ci ne cherche pas à dissimuler ses sentiments. Chagrin ou joie, colère ou amusement, toutes ces émotions s'affichent clairement sur ses traits.

Bien décidé à confondre le successeur d'Aristélios, Merxès prend la parole :

– Eh bien Achéon, voilà des années que nous ne nous sommes vus. Tu étais un jeune chien fou et te voilà maintenant maître de cette belle cité…

Achéon sourit tristement :

– Provisoirement, général, provisoirement… Je ne pensais pas remplir cette charge si tôt. Mon frère était en pleine santé. Comment a-t-on pu l'égorger comme un vulgaire poulet ?

Des larmes de chagrin et de rage mêlés montent aux yeux noirs d'Achéon, qui serre les poings, faisant saillir les muscles de ses avant-bras.

– Et tué par un de ses serviteurs, lui qui les a toujours traités comme ses propres enfants. Est-ce là le prix de la bonté et de la justice ?

Hors de lui, Achéon quitte la table et arpente nerveusement la pièce. Silencieux, le général

4. C'est ainsi que les Grecs anciens appelaient leur pays.

observe attentivement tous les gestes et mimiques de son hôte.

– Connais-tu le meurtrier ? demande-t-il au régent, dont le visage est crispé par la tension.

– Si je connais Bahram ? Bien sûr ! Il a été engagé par mon frère dès son arrivée ici, alors que je fêtais mes vingt ans. C'est un serviteur compétent, qui travaillait dur pour faire vivre sa famille. Je ne comprends pas ce qui a pu lui passer par l'esprit… Il est devenu subitement fou, je ne vois pas d'autre explication !

Achéon s'effondre sur sa chaise, totalement démoralisé. Puis, comme vaincu par une force qui le dépasse, il pose la tête sur ses bras repliés et se met à pleurer doucement.

Merxès est touché par ce chagrin, et par la confiance que lui accorde Achéon. En effet, jamais un oligarque grec, même par intérim, ne se permettrait de montrer ainsi ses faiblesses en public. L'époque est rude et les dirigeants se doivent d'êtres inflexibles s'ils veulent conserver le respect de leurs sujets et effrayer leurs ennemis. Mais le vieux soldat sait qu'il fait figure d'oncle pour Achéon, et que ce dernier ne risque rien à se laisser aller devant lui.

Le général se lève à son tour, contourne la table et pose une main sur l'épaule du jeune homme. Il exerce une pression pour lui signifier qu'il compatit à sa douleur.

– Allons, Achéon, c'est une épreuve terrible, mais tu dois te ressaisir. Pense à Aristélios. Tu dois à sa mémoire d'être un gouverneur exemplaire. Et puis, je crois savoir que les magistrats pensent à toi pour lui succéder…

Achéon s'ébroue, sèche ses pleurs et retrouve sa fougue naturelle.

– Ah oui ?

Une lueur d'intérêt s'allume dans son regard noir.

– Tu peux leur dire que je suis prêt à assurer mon rôle et à faire de Corcyre une colonie loyale. Après tout, j'ai secondé mon frère ces dernières années, je suis bien placé pour le remplacer. Crois-moi, Merxès, je saurai quoi faire pour venger la mémoire d'Aristélios ! éructe Achéon, agitant les poings au-dessus de sa tête.

– Bon, bon, si tel est ton désir… Je me ferai ton porte-parole auprès des responsables de la métropole. Ils sont toujours en quête de dirigeants à poigne, surtout en ces temps troublés. Quant à moi, je vais rentrer, car je me fais vieux et le voyage a été éprouvant.

Merxès prend congé du régent et se fait ramener dans sa résidence. Tandis que son char brinquebale dans les ruelles mal éclairées de Corcyre, il se remémore les événements de la soirée.

« Ce jeune Achéon semble sincère, mais il a rapidement accepté mon offre, pense le général. Il semble persuadé d'être un successeur logique à son pauvre frère. Quant à l'esclave, il pourrait également avoir inventé son histoire de mystérieux homme masqué. Reste Délos, le chef des gardes. Lui aussi paraît innocent, mais il était présent quand on a accusé l'esclave… »

Une grande lassitude le submerge soudain. Il passe sa main dans sa barbe broussailleuse. « Vraiment, ce genre de rôle n'est pas pour moi », songe le soldat, qui regrette les champs de bataille. Là au moins, les ennemis sont connus…

Tout à coup, Merxès interpelle son cocher :

– À la prison, vite !

Il vient de réaliser que Bahram est la seule personne qui pourrait éventuellement confondre le masque d'or et ses complices, ou tout au moins lui livrer des indices. Si ce personnage existe, il ne peut pas prendre le moindre risque, même si la parole d'un esclave est de peu de poids. Assassiner un gouverneur est un acte très grave, pour lequel la mort est le seul châtiment possible. De plus, si ce meurtre fait partie d'un complot plus vaste destiné à remettre en cause la tutelle de Corinthe sur Corcyre, les enjeux sont encore plus grands. Et l'existence de ce témoin est une menace. En l'éliminant, le tueur peut espérer mettre un terme à l'enquête.

Le cocher fait faire demi-tour au char dans un nuage de poussière, manquant d'écraser deux passants qui se pressaient pour rentrer chez eux.

À peine arrivé, le général se rue vers la geôle abritant Bahram. Les gardes obéissent sans rechigner et lui ouvrent la lourde porte. Trois gardiens portent des torches et la lumière éclaire le cachot.

Bahram est couché sur son grabat, immobile. Merxès s'approche, le secoue puis le retourne.

L'esclave a les yeux ouverts et la gorge tranchée. Le sang qui a coulé sur sa poitrine et ses jambes n'est pas encore figé. Il serre quelque chose dans sa main droite. L'émissaire récupère l'objet, un stylet fin et aiguisé. « Le pauvre garçon a préféré se donner la mort plutôt que d'endurer son supplice », pense-t-il d'abord. Pourtant, en examinant la fine lame, puis la large plaie qui a pratiquement décapité l'esclave, il se dit que les deux ne coïncident pas.

Comment Bahram aurait-t-il pu dissimuler une telle arme, même petite, alors qu'il était à moitié nu ? Les gardes connaissent leur métier et ont dû le fouiller sans ménagement, pour éviter justement que l'accusé ne mette fin à ses jours, frustrant le peuple de Corcyre d'une exécution publique, spectacle fort apprécié de la population. Et puis Merxès a trop vu ce genre de blessure mortelle sur les champs de bataille pour ne pas reconnaître un coup de glaive quand il en voit un. La largeur de l'entaille comme sa profondeur et le sens du coup, de droite à gauche, tout est pratiquement identique à ce qu'il a pu voir sur le regretté oligarque, lorsqu'on lui a montré la dépouille d'Aristélios.

– Enlevez ce corps et revenez me voir ! ordonne le représentant de Corinthe, qui sent la colère le gagner.

Les gardes ont dû laisser le vrai coupable s'introduire dans la geôle pendant que Merxès rendait visite à Achéon. « Ils obéissent au meurtrier », comprend le général. « Et qui commande ces hommes ?... Délos. Mais non, ce ne peut être lui le coupable, il est trop petit. Et je n'ai pas vérifié s'il était gaucher... »

Le soldat (Merxès est persuadé qu'il a affaire à un manieur d'épée) a profité de son dîner avec Achéon pour évincer la seule personne susceptible d'aider l'émissaire dans son enquête. Même déguisé et masqué, le tueur présumé a pu donner sans le vouloir des indications que l'esclave aurait notées puis livrées à Merxès. Celui-ci tente de se mettre à la place du suspect inconnu : comment être certain que rien ne pourra aider l'envoyé corinthien à remonter jusqu'à lui ?

« En éliminant Barham », songe Merxès. « Les morts ne parlent plus. »

Profitant de ce que les geôliers sont occupés, il se précipite vers son char et hèle son cocher :

– Vite, à la résidence !

Avant que les gardiens ne puissent réagir, il s'éloigne dans un bruit de sabots et de claquements de fouet.

La nuit est fort avancée et la cité totalement assoupie. Personne n'est visible dans les ruelles de la ville surplombant le mer Ionienne. Seuls quelques chiens à demi sauvages se déplacent par bandes entre les maisons basses. Merxès espère rejoindre son escorte avant les comploteurs.

Son prompt départ a déjà été signalé, et l'assassin et ses complices ont certainement compris que le général commence à avoir de sérieux soupçons. Peut-être commencent-ils à avoir peur. Et l'angoisse d'être démasqués pourrait les pousser à achever leur travail, en égorgeant à son tour la principale menace : l'enquêteur mandaté par Corinthe pour faire toute la lumière sur le meurtre d'Aristélios. Bref, s'il n'agit pas rapidement, il risque fort de finir comme le gouverneur et l'esclave : la gorge proprement entaillée d'une oreille à l'autre, de droite à gauche. Mais s'il parvient à temps à sa résidence, il pourra leur préparer une petite surprise…

« Les oligarques se doutaient de quelque chose quand ils m'ont enjoint de m'entourer de guerriers pour venir ici… Et pas seulement à cause des dangers de la route », songe le général.

Le char s'arrête dans un nuage de poussière et le soldat court vers les étables où dorment les hoplites qui composent son escorte. Ils occupent les écuries débarrassées des chevaux, et sont allongés sur des tas de paille, leurs armes soigneusement alignées à leurs côtés. Essoufflé, Merxès s'arrête un instant. S'il en réchappe, il se jure de profiter de sa retraite d'officier et de laisser à d'autres le soin de régler les problèmes des colonies.

Rien ne bouge dans les jardins qui mènent aux écuries. « Ils ne sont pas encore là », pense le général en pénétrant dans le long bâtiment de bois. Les odeurs de crottin et de sueur animale sont encore fortes. Elles lui rappellent ses années de combat avec la cavalerie. La compagnie prolongée des chevaux lui a appris à aimer ces odeurs. Mais ces guerriers qui reposent devant lui sont des fantassins, et pour eux, dormir dans une écurie n'est pas un cadeau.

L'arrivée de Merxès provoque un remue-ménage parmi la troupe.

Les hommes bondissent sur leurs armes, prêts au combat. L'émissaire corinthien les hèle dans la pénombre, afin d'éviter de prendre un mauvais coup :

– Soldats, c'est moi, le général Merxès ! Harnachez-vous, je dois vous parler.

Maugréant, encore endormis, les guerriers revêtent leur cuirasse et leurs jambières en métal, nouent leur ceinture et empoignent la javeline. Certains veulent allumer des torches, mais leur chef le leur interdit :

– Pas de lumière, et pas de bruit. Venez par ici…

Ils se rassemblent autour de Merxès et celui-ci entame un conciliabule à mi-voix. Quelques minutes plus tard, il sort, seul, et regagne rapidement ses appartements, telle une ombre, glissant silencieusement dans les jardins de la résidence qu'on lui a prêtée.

Merxès arrive sain et sauf dans sa chambre. Les serviteurs l'attendaient malgré l'heure tardive.

– Quelle journée ! Et quelle nuit… Et elle n'est même pas encore terminée, soupire le vieux soldat, exténué par toutes ces émotions.

Il se couche, après avoir pris soin de renvoyer les domestiques. Ceux-ci étaient réticents à l'idée de laisser ce haut personnage seul et sans protection, surtout après l'horrible meurtre du seigneur Aristélios. Mais ils n'osent pas le contredire et quittent la résidence.

Merxès laisse une petite lampe à huile allumée et s'allonge sur son lit. Il observe les ombres qui dansent au gré des mouvements de la mèche flottant dans l'huile. Il doit rester éveillé, il le sait. Mais maintenant qu'il a relâché la tension, il se sent faiblir d'un coup. « Allons, vieux brigand, pense-t-il, tu en as vu d'autres sur les champs de bataille. Résiste donc si tu veux revoir tes femmes et tes enfants. » Mais le silence qui l'environne, la fatigue du voyage et celle de sa soirée agitée ont raison du général. Au bout de deux minutes, seuls ses ronflements résonnent dans la pièce.

Tout à coup, il se réveille en sursaut et ouvre les yeux sur un masque doré et sans expression, penché tout près de son visage. Il va pour crier, mais une main puissante se pose sur sa bouche, étouffant son appel. Le personnage est très grand. Il est recouvert d'un manteau noir qui l'enveloppe des pieds à la tête. Des silhouettes l'encadrent, mais comme elles sont au-delà de la tâche lumineuse émise par la lampe, Merxès ne peut en distinguer les traits. « Les gardes », pense-t-il. Toujours silencieux, l'homme masqué sort un bras de sa cape et brandit un glaive parfaitement aiguisé. « L'arme des crimes », songe l'émissaire de Corinthe, lucide malgré le danger.

L'assassin est fort et parvient à immobiliser sa victime de son seul bras droit. Du gauche, il va pour abattre sa lourde lame de bronze sur la gorge de Merxès, qui tente de se débattre mais demeure impuissant, quand un son sec suivi d'un bruit mou fige son geste.

Durant une seconde, il reste immobile, le bras levé. Puis il s'effondre sur le général grec. Celui-ci aperçoit la pointe acérée d'un javelot qui sort de l'épaule gauche de l'homme masqué.

Puis c'est la confusion. Les gardes se précipitent au secours de leur chef mystérieux. Ils se ruent dans la chambre, épée au poing, décidés à le défendre. Mais ils sont arrêtés par les soldats de l'escorte de Merxès.

Ceux-ci se sont déployés tout autour de la pièce sur l'ordre du général, qui a monté le piège. Se doutant que le masque d'or voudrait achever sa mortelle besogne, il a pris soin d'envoyer ses hommes se dissimuler dans les couloirs et les autres pièces de la demeure, et d'observer le moindre mouvement suspect. Les hoplites ont parfaitement rempli leur rôle. Ils ont laissé les agresseurs entrer dans la maison, tout en les surveillant de près. Quand ils ont vu que leur officier était en danger, ils sont intervenus en transperçant le meurtrier de part en part. Maintenant, les soldats fidèles à l'émissaire de Corinthe s'occupent des gardes. Les lames de bronze s'entrechoquent, les râles des

blessés s'ajoutent aux cris des assaillants, des corps entremêlés roulent sur le sol. Supérieurs en nombre et puissamment armés, les militaires corinthiens prennent vite le dessus sur leurs adversaires. Après quelques instants de lutte acharnée, le calme revient. Deux gardes sont morts, les trois autres maîtrisés. Merxès fait tomber le corps de son assaillant sur le sol.

Des torches sont allumées, éclairant le masque d'or et les deux hommes étendus dans leur sang. L'enquêteur se penche sur son assassin et lui arrache masque et manteau.

– Délos ! s'exclame le général.

Car c'est bien le commandant militaire de la cité de Corcyre, juché sur des sortes d'échasses en bois pour qu'on ne le reconnaisse pas à sa petite taille. Son teint habituellement foncé est à présent livide, mais il est toujours vivant et son regard haineux impressionne Merxès.

– … Oui, Délos, citoyen de Corcyre, comme les vrais propriétaires de cette terre, que Corinthe nous a volée ! rugit-il.

Il transpire et se met à tousser. Du sang jaillit de sa bouche, mais il continue d'éructer :

– Soyez maudits ! Vous êtes des usurpateurs qui avez pillé nos richesses pour vos guerres et vos oligarques. L'île est à nous depuis des siècles et doit nous revenir. La guerre est proche ! Vive la liberté de Corcyre !

La fin du mot est noyée par les jets de sang qui s'échappent de sa bouche. Il crache deux fois, le corps secoué de soubresauts. Puis ses yeux noirs se voilent et l'assassin d'Aristélios rejoint sa victime dans le domaine d'Hadès, dieu des défunts.

Épilogue

En 431 avant Jésus-Christ, la cité de Corcyre se révolte, combat les soldats corinthiens et fait appel à Athènes, grande rivale de Corinthe, pour la défendre. Athènes profite de la situation pour déclencher la guerre du Péloponnèse, conflit qui verra les trois plus grandes cités grecques anciennes, Athènes, Sparte et Corinthe, s'affronter pour le contrôle du pays. En 404, Athènes, assiégée par les Spartiates, capitulera, ce qui mettra fin à la guerre.

frissons

La légion de l'Enfer

d'Emmanuel Viau
illustré par Emmanuel Cerisier

- 1 -

Le soleil disparut du ciel et les premiers hurlements des suppliciés s'élevèrent, au cœur de la forêt, sous la frondaison des grands pins noirs. Serpentant sinistrement autour des troncs plusieurs fois centenaires, les échos des plaintes franchirent les défenses érigées à la hâte par les soldats romains. À l'intérieur du camp retranché, les légionnaires se recroquevillèrent sur eux-mêmes, bouchant leurs oreilles pour ne pas entendre les cris de ceux qui étaient, il y a peu, encore parmi eux.

« Général Tannus, sortez-nous de là ! »

Le général Tannus pouvait lire ce reproche dans les yeux de ses soldats, à chaque minute de chaque jour qui passait. Le chef romain frissonnait. Pourtant, malgré le froid, la faim et la fatigue, il se sentait presque bien ce soir-là : encore une fois, il attribua ce sentiment à la présence à ses côtés de S'Oteme.

À la lueur d'une torche fichée dans le sol, Tannus observa à la dérobée le visage de son garde du corps : le vétéran, un colosse originaire d'Afrique, restait de marbre, imperturbable, comme s'il n'avait pas entendu le chant de mort, dans la forêt. Rassurant, S'Oteme l'était. C'était l'un des seuls à ne pas avoir perdu son sang-froid pendant les terribles événements qui les avaient conduits sur ces territoires perdus et oubliés. Certes, la peau noire du vieux soldat détonnait en ces lieux enneigés, hostiles, noyés dans le brouillard givrant. Mais son allure tranquille, son regard doux et profond qui coulait comme un fleuve apaisant, ses silences et ses haussements de sourcils pleins d'ironie faisaient de lui un roc, un rempart, une protection mille fois plus rassurante que la lance et l'épée des légionnaires. Au milieu de la tragédie que vivaient les survivants de la légion du Nord, S'Oteme était le seul havre de paix auquel Tannus pouvait se raccrocher.

Avant que Tannus ne le prenne à son service – au mépris des exclamations outrées des officiers –, les légionnaires de sa centurie, au mieux, ignoraient l'Africain, au pire, l'humiliaient, en le chargeant des corvées parmi les plus dégradantes. Parce qu'il était de ceux qui avaient refusé de prendre part au terrible sacrilège, au tout début de l'expédition, sans doute. Parce qu'il était noir. Parce qu'ils avaient peur et que lui ne laissait rien paraître de ses sentiments. Tannus avait apprécié cela : S'Oteme ne parlait pas, il ne montrait rien.

Le vent se leva et les plaintes se turent enfin. S'Oteme regarda Tannus. L'un et l'autre savaient que le camp romain n'avait que quelques heures de répit ; au milieu de la nuit, les hurlements s'élèveraient à nouveau. Et lorsqu'ils cesseraient, ce serait pour mieux recommencer, le soir suivant.

La nuit passa sans que le général et son garde du corps dorment ni parlent, sans autre événement notable qu'une grosse averse de neige. Au petit matin, des cris d'alarme retentirent soudain dans le village de tentes protégé par les fortifications de bois : Tannus jura. D'autres légionnaires avaient encore disparu ; leurs voix iraient se joindre au chœur des suppliciés, la nuit prochaine.

Ce n'était pas pour eux que Tannus s'inquiétait, mais pour lui.

Un jour, ce serait son tour.

- 2 -

La légion du Nord, surnom donné à la 4e légion Romus, basée sur les rives du Rhin, avait quitté les abords du grand fleuve à la fin de l'été. Sa mission officielle était d'édifier un port au nord de la Germanie inférieure, sur le littoral de la mer Germanique. En l'état actuel des frontières de l'Empire attaquées de toutes parts, c'était une folie. Quelles que soient la puissance et l'expérience de la légion du Nord, sa position serait rapidement intenable, car elle serait coupée de tout ravitaillement par les raids menés par les Francs et les Anglo-Saxons. Voilà pourquoi le général Tannus avait reçu des ordres « officieux » plus précis : « Traverser la mer Germanique. Prendre pied sur la rive opposée. Prendre contact avec les populations locales. »

L'objectif avoué était de passer alliance avec les Barbares les plus au nord, afin de les envoyer au combat contre les Francs qui harcelaient l'est de l'Empire romain en décomposition. Un pari risqué – fondé sur des rapports plus ou moins détaillés d'espions –, puisqu'il privait la Germanie en guerre d'une légion expérimentée. Et parce que personne ne savait réellement ce qu'il y avait de l'autre côté de la mer.

Les premières semaines furent tranquilles et les soldats les prirent pour ce qu'elles étaient alors : une promenade. Même en marche forcée, cela valait mieux que de rester sur les fortifications à attendre les assauts des Barbares, chaque jour plus difficiles à repousser.

Un automne précoce, froid et déjà neigeux obligea pourtant la troupe à des haltes prolongées puis à effectuer des détours imprévus. Le relatif mystère qui avait entouré le départ de la légion fut bientôt levé. Et l'armée de Tannus, en plus du froid, dut subir le harcèlement des embuscades montées par les Francs. La promenade se transforma en cauchemar.

Avant même son arrivée sur les rives de la mer Germanique, la légion avait perdu plus de mille deux cents hommes.

Ce fut après l'une de ces batailles, terribles pour les nerfs des soldats fatigués, que l'incident se produisit. Après deux nuits de combats particulièrement acharnés, l'avant-garde de la troupe romaine parvint aux abords d'un village barbare. Le général laissa faire ses officiers et ceux-ci laissèrent faire leurs légionnaires avides de vengeance : hommes, femmes, enfants, les Germains furent massacrés sans pitié.

À la sortie du village, les Romains découvrirent un énorme tumulus, le lieu où reposaient les dépouilles des chefs barbares. Avec quinze hommes, le général Tannus incendia la tombe millénaire après avoir pillé ses trésors, profané ses ossements et révélé ses entrailles au grand jour.

Il y eut un violent souffle lorsque la légion s'en fut, honteuse et terrifiée, son âme entachée de crimes inavouables. Un vent chargé de colère s'engouffra sur ses talons.

Les disparitions commencèrent dès le coucher du soleil qui suivit cette journée de terreur : dès lors, le voyage des soldats romains fut bientôt rythmé par le chant funèbre des malheureux qui étaient enlevés la nuit. Au début, les légionnaires n'y accordèrent que peu d'attention, mettant ces tortures sur le compte de la guerre physique et psychologique que leur livraient les Barbares. Malgré le froid et les privations, Tannus avait accéléré le rythme, faisant donner le fouet aux retardataires, abandonnant les blessés, les malades, les plus faibles. Une nuit, il fit aussi assassiner ceux de ses officiers qui complotaient contre lui pour retourner en Germanie.

Deux mois après leur départ des rives du Rhin, la légion du Nord gagna enfin les abords de la mer. Pressé par la peur qui rongeait les rangs de son armée, Tannus ne s'y attarda pas. Leurs galères construites, les légionnaires embarquèrent. Plus précoce encore que l'automne, l'hiver les surprit au milieu de leur traversée, les obligeant à brûler le bois de leurs navires pour survivre parmi les glaces. Décimée par les combats, le froid, la maladie et la famine, sans aucun repère de navigation, la légion du Nord réussit à prendre pied sur l'une des rives de la mer Germanique – sans savoir laquelle –, privée des deux tiers de ses effectifs.

Le rythme des disparitions ne diminua pas et les hurlements nocturnes gagnèrent en intensité. Les prières aux dieux romains et les sacrifices n'y firent

rien : ce qui avait été réveillé lors du raid sur le village barbare avait également franchi la mer.

Dès lors, le cauchemar des légionnaires se transforma en enfer.

- 3 -

– Qu'avons-nous fait ? Qu'allons-nous faire ?

Le consul Docétius était assis sur son lit de camp, la tête baissée. Il n'était pas rasé, ne s'était pas lavé depuis trois jours. Le général Tannus, une chope de vin à la main, allait et venait nerveusement devant le lit du politicien.

– Cessez donc de geindre ! s'exclama-t-il soudain, l'air dégoûté en fixant l'homme qui à l'origine était son supérieur. Regardez-vous ! Vous puez ! Vous n'êtes pas sorti depuis deux jours et cette tente empeste. Les hommes…

L'autre explosa :

– Je me moque de l'opinion des hommes ! Je veux rentrer ! Vous comprenez ? Je veux retourner en Germanie et de là, gagner Rome. Là-bas, ma femme, mes enfants…

Le reste de sa phrase se perdit dans un gargouillis de sanglots étranglés.

Écœuré, Tannus jeta son verre sur le sol. Rome ! Le nom évoqué par le consul fit surgir, dans son esprit, des sons, des odeurs… Son domaine, dans le sud de la Gaule, ses champs d'oliviers, ses vignes. Et puis le soleil, Emilia, les courses de chevaux.

Pour le général, la douceur de ses souvenirs ne faisait que rendre l'horreur de leur situation actuelle plus atroce. Aussi avait-il choisi, depuis longtemps, depuis qu'il était en poste en Germanie en fait, de ne pas s'accorder la faiblesse de s'attarder à ces pensées.

Tannus était dur avec ses hommes mais il l'était plus encore avec lui-même. Lassé par les lamentations du vieux politicien, Tannus l'attrapa par le col.

– Il n'y a pas de retour possible ! Nous n'avons plus assez d'hommes ni de provisions pour traverser de nouveau la mer. Comprenez-vous ce que cela signifie ? Voulez-vous que je vous dise ce que nous allons faire ?

L'autre continuait à pleurnicher, ce qui finit par mettre le général hors de lui.

S'Oteme, présent depuis le début de la scène, n'avait de regard ni pour l'un ni pour l'autre. Il fixait un point éloigné, invisible à tous, perdu dans ses pensées, vagabondant dans les grandes dunes de son désert natal.

– Voulez-vous savoir ce que nous allons faire ?! hurla Tannus. Nous allons rester ici et vous allez faire votre travail, ce pour quoi vous êtes là, entrer en contact avec les populations et les mettre de notre côté. Il nous faut des vivres et de quoi nous protéger contre le froid. Négociez ! Négociez, c'est pour cela que nous protégeons votre graisse !

– Comment voulez-vous parlementer avec…

Le consul hoquetait.

– … avec des gens qui font cela à nos soldats !

Il fit un vague geste vers l'extérieur dans la direction des chants de douleur.

– Nous… nous allons tous y passer… il faut partir d'ici, général Tannus je vous en supplie, partons. Qu'avons-nous fait, ô dieux, qu'avons-nous fait ?

Tannus ne l'écoutait plus. Il était sur le point d'ordonner à l'Africain de passer son épée au travers du corps de Docétius. Mais sa colère retomba et il relâcha le consul qui faisait entendre des propos inintelligibles. Après un dernier regard de dégoût pour le gros politicien, il quitta la tente en intimant l'ordre à la sentinelle placée au dehors de ne pas laisser Docétius sortir ; les soldats ne devaient pas voir le consul dans cet état.

Le froid de l'hiver nordique remit de l'ordre dans les pensées du Romain. Quelque part au-delà de l'horizon masqué par les nuages, le soleil s'était levé. Il jetait un pâle éclat tout juste suffisant pour dévoiler au général l'état lamentable dans lequel se trouvait son camp. La glorieuse discipline romaine s'était perdue quelque part dans les glaces du Nord. « Non, songea le général. Elle s'est perdue le jour… où nous sommes entrés dans cette tombe. » Chaque jour, il devait se forcer à ne pas penser à ce que lui, Docétius et la quinzaine d'hommes avaient commis ce jour-là.

– Que faire ? murmura-t-il plus à son attention qu'à celle de S'Oteme qui attendait derrière lui. Jusqu'ici, toutes les tentatives pour parler au vétéran s'étaient heurtées au mur de son silence.

La dizaine de tentes destinées à héberger les troupes avaient été montées de guingois, là où le sol rocailleux et gelé l'avait permis. Boueuses, déchirées, délavées, elles donnaient l'impression d'avoir été abandonnées. Celles des officiers, plus petites, n'étaient pas en meilleur état. Les oriflammes, les emblèmes de la légion, placés au centre des cinq tentes des officiers restaient les seuls objets qui continuaient à être entretenus : le jour où ils ne le seraient plus, l'âme de la légion serait dissoute, oubliée à jamais.

Le regard du général alla d'un côté à l'autre du

camp, pris entre les deux grands éboulements rocailleux. Ainsi installé, leur camp n'offrait qu'un seul flanc à une éventuelle attaque ennemie. Là, des pieux avaient été dressés, des tranchées creusées.

« Sauf qu'il n'y aura jamais d'attaque ennemie », soupira Tannus se prenant à prier Mars, Jupiter et tous les dieux romains de lui envoyer deux, trois… autant d'armées de Barbares que le monde en portait ! Tout plutôt que cette horreur inconnue tapie dans la nuit !

On pouvait lutter contre une armée. Lutter, vaincre ou mourir, c'était là le destin d'un soldat de l'Empire. Il n'y avait rien de terrifiant à cela. Mais ces disparitions, chaque nuit… Qui franchissait donc ses défenses ? Comment lutter contre ce que l'on ne voit pas ?

– Ce gros porc de Docétius a raison, nous allons tous y passer, ce ne sont pas les Francs… ce ne sont plus des humains, c'est… autre chose, dit encore Tannus en regagnant sa tente.

Et il se remémora le tumulus, la porte qu'ils avaient ouverte, ce qui vivait derrière…

S'Oteme aurait-il pu garder son flegme, s'il avait participé aux horreurs dans la tombe ? Le général aurait bien voulu le savoir.

- 4 -

D'une voix lasse, Tannus reprit l'interrogatoire :

– Quand as-tu vu qu'il avait disparu ?

– Ben… ce matin, quand je me suis réveillé…

– Qu'as-tu remarqué ? Comment as-tu su qu'il avait été enlevé comme les autres ?

Aroix déglutit. Au départ, le petit légionnaire ne semblait pas le moins du monde effrayé ni par les événements de la nuit ni par la mine rébarbative de l'officier.

– Allons, général, je le connaissais bien moi, Quertus. Faut lui taper dessus pour le réveiller, quand il dort, qu'on soit au combat ou pas. Alors quand j'ai vu sa couche vide, j'ai tout de suite su… c'est tout.

Le général, imperturbable, notait les propos du soldat.

– Et… ? ajouta-t-il, comme l'autre s'était tu.

– Et c'est tout, il était plus là, ses armes, son équipement, son bouclier, partis avec lui. Non, il n'y a rien à dire.

La bonne humeur d'Aroix commençait à s'effilocher face au mutisme presque hostile de Tannus.

– Je ne veux pas vous manquer de respect, général, mais ça fait des semaines qu'on est attaqués comme ça. Alors moi, si je vous dis qu'en me réveillant, Quertus n'était plus là, il faut me croire. Si je vous dis qu'il a disparu comme les autres, et que ce soir, il sera là-bas dehors avec les autres, là à chanter sous les arbres… Faut pas me suspecter, vous croyez quand même pas que c'est moi qui…

Si Tannus avait une intention précise en tête, il n'en montrait rien. Il se contentait de hocher la tête aux propos du soldat.

– Hé, général, dites quelque chose ! Vous me faites marcher, non ? Qu'est-ce que vous allez imaginer là ?

L'officier sortit enfin de son silence, voyant qu'Aroix perdait pied.

– Du calme, soldat. Je sais bien que vous n'êtes pour rien dans la disparition de Quertus.

– Bah alors ? Qu'est-ce qu'on me reproche ?

L'autre eut un sourire froid.

– Les affaires de Quertus. Pourquoi avoir fouillé dedans ?

Aroix devint livide.

– Non, c'est…

– Taisez-vous, soldat. Qu'avez-vous fait de son or ?

– Mais je n'ai pas…

Tannus fit un signe et S'Oteme décocha un formidable revers au légionnaire qui s'en alla valdinguer à l'autre bout de la pièce.

– Tu connais le châtiment réservé aux voleurs ? Vous autres, fouillez dans ses affaires ! ordonna Tannus aux gardes. Ensuite…

Les deux soldats qui l'encadraient opinèrent et obéirent sans ménagement. Le centurion sortit de la tente avec son garde du corps, sans se préoccuper des cris de rage du soldat Aroix.

– Ça ne sert à rien ! Général, vous savez que cela ne sert à rien ! Pourquoi vous faites ça ? Vous avez peur, hein, c'est ça ?

Le général ferma son esprit aux hurlements du légionnaire et alla rejoindre ses hommes.

« Tannus a peur… »

Il le savait maintenant, les soldats s'étaient passé le mot. « Tannus a peur », la phrase résonnait dans son esprit. Aroix avait raison : il était inutile de le punir. À quoi bon maintenir une discipline quand l'issue de ce combat contre un ennemi invisible était connue.

Oui, ils mourraient tous. Oui, la peur le rongeait lui aussi. Il ne comprenait toujours pas comment la glorieuse légion du Nord avait pu sombrer aussi vite, tomber aussi bas. Les soldats se volaient entre eux, bâclaient les tâches qu'on leur imposait. Immobilisés depuis deux mois au milieu de la forêt, le général estima qu'il n'en faudrait pas un de plus pour qu'ils redeviennent des bêtes sauvages. Si ce n'était pas à cause du désespoir, ce serait le manque de nourriture qui les y forcerait.

Le rythme des disparitions ne faiblissait pas et la terreur chez les survivants était telle qu'ils refusaient à présent de sortir en patrouille, même en pleine journée. Ils désobéissaient ouvertement, l'obligeant à mener lui-même un interrogatoire qui était du ressort d'un centurion ! Il n'avait plus la confiance de ses hommes.

– Tue-moi, S'Oteme… tue-moi ! murmura-t-il. Mais l'Africain ne répondit pas. Ne prit même pas la peine de le regarder.

Oui, Aroix avait doublement raison. Il était inutile de le punir : mourir ne servait à rien. La semaine d'avant, Tannus avait essayé, réussi. Et échoué. Le lendemain de son suicide, il s'était réveillé, sans comprendre pourquoi le poison qu'il avait absorbé ne l'avait pas tué.

Ils ne mourraient pas. Pas avant que la chose en dehors du camp ne l'ait décidé.

Tannus voulait faire exécuter Aroix tout en sachant que c'était inutile : la mort, pour lui-même, et quelques autres, leur était refusée.

Pour l'instant.

Tannus soupira, le cœur pris dans un étau. Encore une fois, il chercha en vain une réponse dans les yeux de S'Oteme.

– Que dois-je faire S'Oteme ! Que ferais-tu si tu étais à ma place ?

Le regard de l'Africain ne dévia pas d'un pouce lorsqu'il répondit :

– Rien. Comme vous, j'attends ma punition. Même si je n'ai rien fait, je dois payer pour les actes commis au nom de la légion, vous le savez aussi bien que moi, général.

La stupéfaction cloua Tannus sur place. Ainsi S'Oteme n'était pas muet !

Cette nouvelle, étrangement, lui fit du bien. Dans l'instant qui suivit, il décida de gracier Aroix.

- 5 -

Le soldat Aroix dormait.

Le sommeil était son seul refuge, le dernier endroit où les hurlements nocturnes ne le poursuivaient pas, où le froid ne lui gelait pas les os, où la perspective de mourir abandonné de tous ne le terrifiait pas. Parfois même, il lui arrivait de sourire pendant son sommeil, lorsqu'il rêvait et que ses songes l'emmenaient vers des contrées bienheureuses. L'Ibérie.

Aroix était né dans un petit village des montagnes de l'Ibérie. Certes, il y pleuvait souvent, mais la terre était riche, les moissons abondantes. Lorsqu'il ne dormait pas, Aroix regrettait chaque instant le jour où il avait rejoint l'armée. Même s'il n'avait pas vraiment eu le choix, car dans son cas, servir l'armée romaine était une obligation. À l'époque de son incorporation, il était las des paysages pluvieux des collines dans lesquelles il avait grandi. Et puis Rome, que l'on disait riche jusqu'à l'opulence, jusque dans des fêtes incroyables, l'attirait. Aroix s'était laissé embarquer dans la légion parce qu'on lui promettait la puissance, le respect, la gloire. Il n'était jamais allé à Rome, n'avait même jamais franchi les Alpes. Il servit d'abord dans une petite garnison à l'ouest de la Gaule. Puis plus au nord, chez les Belges. Les pluies du nord de l'Europe avaient remplacé celles de son Ibérie, mais la vie y était tranquille, ces régions ayant appris à vivre sous la domination romaine.

Un jour, sa centurie avait reçu l'ordre de faire mouvement vers la Germanie. Il avait été nommé à la fameuse légion du Nord et se souvenait en avoir éprouvé de la fierté, car c'était une armée mythique, formée de vétérans parmi lesquels on choisissait les gardes prétoriens à Rome.

Sur le Rhin, avec le froid, Aroix découvrit la guerre, les Francs et tous les autres Barbares qui ne rêvaient que d'une chose : empaler les légionnaires romains… Aussi fut-il heureux de partir avec Tannus vers les rives nord de la Germanie, pensant échapper pour un temps aux attaques ennemies. Il était de ceux qui rasèrent le village barbare, mais il refusa d'entrer dans le tumulus lorsque Tannus et une bande de légionnaires s'y introduisirent.

Depuis ce jour funeste, il se réfugiait dans le sommeil et les songes bienheureux. Cette nuit-là, il rêvait qu'il était dans son village, enfant. Il jouait à cache-cache avec Setilia et Fania, deux filles dont il était amoureux. Il courait dans les rues en riant et les rires des jeunes filles le poursuivaient. Quelque chose pourtant n'allait pas, mais il n'arrivait pas à savoir quoi. Pourquoi le village était-il désert ? Les rires se firent plus lointains et, pendant un moment, Aroix crut s'être perdu. Il se retrouva en dehors du village, en pleine campagne. Il approchait d'une forêt aux grands arbres noirs. Soudain, il eut très peur. La sensation ne dura pas, car il aperçut quelques-uns des camarades de sa centurie. Il les salua, mais on ne lui répondit pas. Il leva les yeux vers le ciel et sut enfin ce qui clochait : il neigeait ! Or, il n'avait jamais neigé dans sa région natale. Où était-il donc ? Et pourquoi les rires s'étaient-ils transformés en pleurs ?

Le soldat Aroix s'agita. Cela n'allait pas. Il devait se réveiller, sinon le rêve se transformerait en cauchemar.

L'obscurité était maintenant dense et il avait très froid. Il gémit, remua, tendant la main pour remonter la couverture sur lui. Il fallait absolument réparer les trous dans la tente. Quel froid ! La faim, celle qui le tenaillait pendant la journée, s'introduisit alors dans son rêve. Il se mit à avoir faim comme jamais, comme s'il n'avait jamais mangé de sa vie.

Cette fois-ci, le légionnaire se battit pour se réveiller. Cela faisait mal, et la douleur augmentait rapidement. Au ventre, à la tête, aux jambes… comme si on lui arrachait la peau. Il tourna la tête et aperçut du coin de l'œil S'Oteme, planté dans la terre comme un arbre, à côté de lui. Ce n'était pas possible. S'Oteme, le garde du corps africain de Tannus avait été enlevé trois jours auparavant. D'ailleurs, était-ce vraiment lui ? La peau de son visage… ses yeux…

Aroix, paniqué, se mit à hurler. Il devait se réveiller, absolument. Le cauchemar devenait tellement réel ! Il avait tellement mal !

Il cria, il hurla. Fort, de toute la force de ses poumons, qui lui étaient retirés.

– Je veux me réveiller, parvint-il à dire en sanglotant.

Le légionnaire réalisa enfin qu'il était réveillé depuis un bon moment.

La chorale funèbre accueillit ses gémissements.

Tout autour de lui, devant et à côté de lui, empalés sur les terribles pieux d'os au milieu d'une forêt aussi vieille que le monde, les milliers de soldats de la légion du Nord chantaient leurs souffrances en l'honneur de leur général. Ils expiaient la faute que l'officier avait commise et leur supplice ne prendrait fin que lorsque Tannus paierait pour ses forfaits.

- 6 -

Ceux qui tenaient encore le compte des jours et des nuits avaient fini par l'abandonner. Savoir qu'ils étaient là depuis deux mois ou depuis des siècles n'avait plus d'importance ; l'hiver qui les oppressait paraissait n'avoir pas de fin. Ils étaient dans un lieu où le temps, froid, couvert, brumeux, était figé à jamais. Les quelques survivants de la légion du Nord étaient revenus aux âges anciens, datant d'avant la grandeur de Rome. Barbus, à demi nus malgré l'air glacial, creusant le sol à la recherche de racines, ils n'étaient plus que des ombres d'hommes.

Un matin, pourtant, après la disparition de trois légionnaires, ces rescapés surent que tout cela allait cesser. Ce qui les traquait était repu. Enfin, presque repu.

Ce matin-là, Tannus se lava et nettoya son uniforme dans la neige. Puis il se rasa. Il convoqua un centurion et lui enjoignit d'ordonner aux hommes de faire la même chose.

– Qu'ils se tiennent prêts. Que leurs lances et leurs boucliers brillent. Qu'ils soient fiers de porter l'étendard de Rome ! clama-t-il d'une voix éraillée.

Le militaire s'en fut chercher les quatorze soldats pour transmettre les ordres du général. Il lui fallut du temps, car la plupart d'entre eux s'étaient enfouis dans la neige pour se protéger du froid. On découvrit le consul Docétius accroché à un arbre par le gel. Il vivait toujours, essayant avec ses doigts ensanglantés d'arracher des morceaux d'écorce pour les manger.

La journée ne leur suffit pas pour redevenir des légionnaires de Rome, tant la crasse, la peur, la maladie et la faim les avaient réduits à l'état de bêtes. Le soir venu, ils tentèrent quand même une première sortie, pour aller chasser du gibier. Ce n'était qu'une intuition ; ils se doutaient qu'on leur accordait un répit, le temps de retrouver un peu de fierté, le temps de faire amende honorable, de redevenir humains.

Cette nuit-là, pour la première fois depuis longtemps, il n'y eut ni enlèvements ni chœur funèbre sous les arbres. Ce fut une nuit comme toutes les autres nuits du monde avant… avant ce qui s'était passé dans le tumulus du village.

Dans le ciel, on vit apparaître la lune, brièvement.

Cette nuit-là, les seize hommes ne dormirent pas. Ils se réunirent autour d'un feu. Sans qu'un seul mot fût prononcé, ils évoquèrent le souvenir des actes commis dans la tombe des Barbares.

Ivres, ils étaient entrés dans la tombe, avec les femmes et les enfants qu'ils n'avaient pas encore massacrés. Dans ce lieu qui n'avait jamais connu que l'obscurité, le silence et la vénération, ils introduisirent la lumière du soleil, les rires et les insultes. Ils avaient souillé les ossements des vieux chefs décédés, ils avaient profané les ruines sacrées, ils s'étaient allongés dans les cavités mortuaires pour mimer le dernier sommeil des cadavres. Ils avaient rempli leurs poches de bracelets d'or et de parures des défunts.

Non, les seize survivants de la légion du Nord, dont Tannus et Docétius, n'eurent pas besoin de se parler pour se remémorer leurs actes, ce jour-là.

Tannus lui-même découvrit l'étroit passage qui descendait toujours plus bas. Il conduisit ses hommes jusqu'à une grotte aux murs recouverts de dessins qui n'évoquaient rien d'humain. La caverne avait deux issues : celle par laquelle ils étaient arrivés ; l'autre, tout au fond, était bloquée par une lourde pierre. Sur le moment, les légionnaires eurent l'impression que le rocher était là depuis le début du monde : rongé par le temps, la moisissure et… autre chose. Il avait vraisemblablement été sculpté, mais la créature qu'il était censé représenter ne suggérait rien aux hommes présents dans la caverne. Les rires d'ivrognes et les humiliations que les Romains infligeaient encore à leurs prisonniers cessèrent. Le lieu inspirait la crainte.

Puis Tannus rompit le charme. Il s'attela à la pierre pour la pousser ou la tirer. Malgré les avertissements et les cris affolés de leurs prisonniers, les légionnaires se précipitèrent pour aider leur chef. L'ouverture fut bientôt dégagée, s'ouvrant sur un gouffre d'une noirceur terrible qu'aucune torche ne paraissait pouvoir percer. Tous reculèrent, horrifiés cette fois. Du fond du passage ouvert, quelqu'un, quelque chose, les observait, avec ce qui lui servait d'yeux.

C'était éveillé. Des bouches s'ouvrirent.

Les soldats s'enfuirent après avoir passé leurs prisonniers par le fil de l'épée, après avoir incendié les lieux et prié leurs dieux pour que la chose venue de l'obscurité y demeure à jamais.

Sur et sous ces terres régnaient d'autres puissances que celles, militaire et politique de Rome. Ce qui était en dessous fut révélé en plein jour ; et, quelle qu'elle fût, la chose était partie en chasse, traquer les Romains à travers la Germanie, et par-delà la mer. Maintenant qu'elle avait accueilli en son sein toute la légion romaine, *elle* venait chercher les derniers, ceux qui avaient ouvert la porte de son domaine.

Tannus, Docétius et les quatorze soldats prirent quelques heures de sommeil, juste avant le lever du soleil. À son réveil, Tannus disposa les hommes qui lui restait autour de lui, de façon à former un carré.

– Le moment est venu de retrouver l'honneur que nous avons perdu il y a si longtemps. Puissent Rome et nos dieux se souvenir de nous, un jour.

C'étaient des paroles vaines car ni l'une ni les autres n'avaient d'influence en ces lieux.

De l'autre côté des défenses ensevelies sous la neige, il y eut un bruissement, comme si un grand vent se levait sous les arbres. Le brouillard qui dérivait depuis le début de la matinée finit par s'immobiliser : ses lents tourbillons se déchirèrent en grands pans moutonneux, et une neige formée de gros flocons gris se mit à tomber.

La plainte qui avait accompagné les Romains pendant si longtemps s'éleva à nouveau. Mais cette fois-ci, elle éclatait à pleine puissance. C'était une plainte formée d'une infinité de cris de douleur, comme si tous les morts des limbes s'étaient retrouvés au même endroit pour hurler leur colère et leurs souffrances.

Les premiers rangs des soldats de la légion de l'Enfer s'avancèrent alors parmi les troncs des arbres géants. Leurs lances, leurs boucliers et leurs épées étaient romains. S'Oteme allait à leur tête et son regard ne se perdait plus dans les lointaines dunes de son enfance. Il n'avait plus de regard, juste des orbites vides.

Tannus blêmit. Il était attaqué par ses anciens soldats, ceux qui, depuis le début, avaient été enlevés. Ils portaient les couleurs de sa propre légion !

La légion de l'Enfer chargea les survivants de la légion du Nord.

Sorti de leurs entrailles sans chairs, évacué par leurs bouches édentées sans lèvres, le vent de leur plainte se fit ouragan et s'abattit avec violence sur le carré de défense tenu par Tannus. Ceux-ci

résistèrent longtemps, leurs épées fracassant les ossements de leurs compagnons décédés.

Mais seize hommes ne peuvent résister éternellement à six mille morts vivants. Enfin vaincus, les survivants de la légion romaine rejoignirent les rangs des suppliciés de la légion de l'Enfer.

Longtemps après, un épais brouillard laiteux se leva pour effacer toute trace du passage des humains en ces lieux.

Aujourd'hui encore, lorsque la lune est absente du ciel et que seules brillent les étoiles sur les terres désolées de Sibérie, le sol laisse parfois filtrer les chants de la légion de l'Enfer. Car ils vivent toujours, les ossements de Tannus et de ses hommes, menant sous terre d'horribles combats pour le compte des démons des royaumes d'En Dessous, à la recherche d'un repos éternel qui leur sera à jamais refusé.

histoire vécue

Le prix de la liberté

de Giorda
illustré par Emmanuel Cerisier

- 1 -

Le soleil est à peine levé sur la villa de Lucius Optimus Scaurus que tout chante et court en tous sens dans la basse-cour où travaille Milon, le jeune esclave qui s'occupe des oies.

Tourterelles et pigeons roucoulent à en perdre haleine au-dessus des écuries et des étables, et même – ô sacrilège ! – sur le toit de la demeure du maître, la seule qui soit située au premier étage ! Les coqs poursuivent les poules qui s'enfuient en gloussant à travers leur enclos. À moins que, perchés sur le bord d'un abreuvoir en pierre, ils ne lancent, face au soleil, de vigoureux cocoricos.

Dans de grandes volières aux barreaux de fer, des paons, au plumage vif et brillant, poussent de longs appels, auxquels répondent les criailleries des pintades toujours affolées et les doux sifflements des perdrix enfermées tout près de là. Seuls les faisans ne se manifestent pas pour l'instant. Ils coulent, à travers les barreaux de leur prison, des regards effarés en voyant passer Milon.

Celui-ci porte à bout de bras une énorme marmite aux flancs noircis par la suie, pleine d'une bouillie de blé concassé cuit dans du lait.

« J'en mangerais bien, pense le jeune esclave, si j'étais sûr que Raucus ne me voie pas. Sinon, gare au fouet… »

Milon avait six ans lorsque Raucus, l'intendant de la villa, l'a acheté sur le marché du forum de Trajan, à Rome. Depuis, il s'occupe des oies de la basse-cour. Au début, il aidait un esclave plus âgé que lui. Et, maintenant qu'il a dix ans, c'est lui qui veille sur le troupeau, avec l'aide de Thraso, un jeune garçon récemment ramené par l'intendant du marché aux esclaves. Au fait, où est-il encore passé, ce Thraso ?

Milon n'ose pas l'appeler de peur d'attirer sur lui l'attention de l'intendant, toujours à rôder là où on ne l'attend pas. Ne s'est-il pas lui-même surnommé « l'œil du maître » ?

« Encore en train de chercher à s'évader, je parie ! pense-t-il. Il mériterait que je le dénonce ! Me laisser tout seul avec cette énorme marmite… »

Il sait pourtant qu'il n'en fera rien. Comme tous les oiseaux enfermés dans la basse-cour, Thraso ne rêve que de s'enfuir. S'il en avait le pouvoir, Milon leur ouvrirait la porte et… s'envolerait avec eux… Alors, tout en donnant leur pâtée à ses oies, il rêve…

S'il continue de bien travailler, s'il reste un esclave docile et obéissant, peut-être deviendra-t-il un jour intendant de la villa à la place de Raucus.

– Aïe !

Une oie, plus vorace que les autres, l'a pincé au mollet. Croit-elle que l'esclave qui les sert fait partie de la pâtée ? Furieux, il lève la main sur elle, mais se retient à temps. À Rome, les oies sont sacrées ! Personne ne les frappe… Pourquoi ? Il n'en sait rien… Il pousse un long soupir en frottant son mollet.

« C'est normal ! pense-t-il avec résignation. Je ne connais même pas le nom de mes parents, ni l'endroit où je suis né… »

Abandonné dès sa naissance, il a été ramassé dans la rue et élevé par un marchand d'esclaves, qui l'a revendu six ans plus tard.

Il ressort bientôt de l'enclos, tout en traînant la grosse marmite vide par une anse. Il faut qu'il se dépêche de retrouver Thraso, sinon, l'intendant partagera ses coups d'étrivière équitablement entre les deux garçons.

Milon regarde autour de lui. Personne. Il se dirige vers la remise toute proche. Et le voilà qui trébuche sur une botte de paille, placée droite contre un mur. Il l'écarte d'un geste brusque et découvre Thraso.

– Qu'est-ce que tu fais là ? lui demande-t-il à voix basse.

Thraso a eu un geste de dépit, vite réprimé, en se voyant découvert.

– Je… moi cacher… commence-t-il à expliquer dans son mauvais latin. Après… accrocher paille et, là-bas…

Du menton, il montre l'écurie avant de finir :

– Moi, je saute sur cheval et…

– … et Raucus t'aurait vu passer quand tu aurais franchi l'enceinte de la cour d'entrée, s'exclame Milon. Tu sais bien qu'il est partout à surveiller…

– Lui dans cuisine des esclaves, ce matin…

Thraso n'est là que depuis deux mois, mais il a bien observé la vie quotidienne à la villa.

En effet, aux calendes de chaque mois, Raucus apporte les rations mensuelles des esclaves à la vieille chargée de la cuisine : un setier d'huile et un douzième de boisseau de sel, ainsi que quelques pots d'hallec[1] et deux setiers de vinaigre par esclave. À elle d'en assaisonner la soupe du soir qu'elle prépare avec les légumes défraîchis, invendables sur le marché !

– Si Raucus t'avait vu, reprend Milon que les

1. Saumure de poisson.

tentatives d'évasion de Thraso effrayent, tu sais ce qu'il t'aurait fait ?

À cette évocation, Thraso baisse la tête. Cinquante coups d'étrivière pour commencer. Puis les fers aux pieds. Et l'ergastule, cette grande cave sans ouverture où l'on enferme pour la nuit les esclaves rebelles, enchaînés aux murs !

– Allez, viens ! On a du travail ! conclut Milon en haussant les épaules.

« Si Thraso pouvait avoir peur une bonne fois, pense-t-il, après, il ne chercherait plus à s'enfuir. » Mais Milon ne souhaite pas non plus qu'il se fasse punir…

– Pourquoi veux-tu t'enfuir à tout prix ? lui demande-t-il alors qu'ils ramassent les œufs dans la volière des cailles.

Et Thraso lui raconte, pour la première fois, son histoire : son village de Thrace mis à sac par l'armée romaine au cours d'une révolte de la population, toute sa famille massacrée, à l'exception de ses parents, emmenés avec lui par un centurion dont ils étaient la part de butin et revendus à Rome. Il a vu partir son père et sa mère ensemble, pendant que Raucus – que les dieux infernaux le maudissent ! – le conduisait enchaîné à la villa malgré ses cris et ses pleurs.

La formule rituelle de malédiction qu'il vient de prononcer est la seule que Thraso dise correctement. En fait, depuis qu'il est à Rome, il refuse d'apprendre le latin et semble faire exprès d'écorcher tous les mots.

– Moi… retrouver parents ! conclut-il.

– Mais tu ne sais même pas où ils sont, remarque Milon en ramassant un panier plein d'œufs.

– Je les… trouve… un jour ! s'écrie Thraso.

– Ne crie pas trop fort ! Voilà Raucus…

En effet, l'intendant sort de la cuisine réservée aux esclaves. C'est un homme à la stature imposante. Ses cheveux clairs, coupés ras, et ses yeux, d'un bleu dur, accentuent le côté autoritaire de son visage.

D'après certains, ce serait un ancien citoyen romain, qui a été obligé de se vendre sur le marché des esclaves pour rembourser ses dettes. Pour d'autres, un Gaulois instruit, vendu comme esclave par un gouverneur de la Province mécontent de ses services ! En tout cas, il a la confiance de Lucius Optimus.

– Dépêchez-vous ! dit-il aux deux garçons avant d'aller inspecter les magasins situés dans la cour d'entrée, où s'entassent tous les produits de la villa. Vous croyez que le maître vous nourrit à ne rien faire ?

Milon baisse la tête. Thraso, lui, fait semblant de ne pas comprendre et lance un regard de défi à l'intendant. Heureusement, celui-ci a déjà disparu.

– Promets-moi de ne plus chercher à t'enfuir ! lui demande Milon d'une voix implorante.

– Jamais ! répond Thraso sans baisser les yeux.

- 2 -

Un mois a passé sans que la conduite de Thraso inquiète Milon. Au contraire ! Depuis que Lucius Optimus Scaurus est revenu habiter à la villa, comme chaque année au début du printemps, le jeune esclave est toujours volontaire pour porter à la cuisine du maître les volailles abattues pour sa table.

Milon le laisse volontiers y aller à sa place. Lui, il ne s'approche de la luxueuse résidence qu'en tremblant de peur !

Et il constate que Thraso parle de mieux en mieux latin.

– J'espère que tu ne complotes pas une évasion avec le cuisinier du maître, plaisante-t-il un jour.

Et Thraso rit, lui aussi, comme si Milon avait dit une chose très amusante.

Une autre fois, Milon le voit revenir tout souriant.

– Le cuisinier m'a annoncé des nouvelles… très intéressantes, dit-il non sans hésiter encore à employer certains mots.

– Le maître a décidé de t'affranchir ? s'exclame Milon, gagné par la bonne humeur de Thraso.

– Hélas ! répond Thraso dont l'enthousiasme semble brusquement retomber.

– Mais alors, tes nouvelles ?… insiste Milon.

La voix de Raucus les fige sur place.

– Tous les esclaves dans la cour d'entrée ! crie-t-il en faisant claquer son fouet, comme un berger rassemblant son troupeau. Immédiatement !

Milon, occupé à remplir les auges de pierre du poulailler, repose à terre son amphore à moitié pleine d'eau en prenant bien soin de la caler pour éviter qu'elle tombe, et fait signe à Thraso de le suivre.

Celui-ci ne peut s'empêcher de lui murmurer, juste à l'instant où ils passent devant le redoutable intendant :

– Cette fois, je vais avoir mille fois l'occasion de m'enfuir…

– Comment ?… veut dire Milon.

Les mots s'étranglent dans sa gorge.

– Tu vas voir ! répond Thraso sans cesser de regarder l'intendant dans les yeux.

– Dépêche-toi ! lui lance celui-ci. Le maître n'aime pas attendre…

En effet, Lucius Optimus en personne est assis au fond de la cour d'entrée, la plus vaste de la villa. Entouré des esclaves qui le servent tous les jours dans sa demeure, il trône sur un fauteuil en bois aux pieds sculptés et aux accoudoirs incrustés d'ivoire et d'or.

– Il a ramené de Rome son siège de sénateur, murmure un vieil esclave grec qui a longtemps été son secrétaire à la Curie. Mais pourquoi ?…

La réponse ne tarde pas à arriver. Lucius Optimus fait un signe à Raucus, venu le rejoindre en courant. Le maître lui murmure quelques mots à l'oreille. Raucus s'adresse alors à la foule des esclaves :

– Lucius Optimus Scaurus, notre maître bien-aimé, a décidé d'abandonner à d'autres, plus jeunes et plus favorisés par la Fortune, le soin du gouvernement de notre Empire. Encore, si les dieux immortels avaient bien voulu lui donner une descendance, il aurait été assez heureux pour transmettre à son fils le soin de perpétuer le culte de ses Lares. Mais hélas ! il se retrouve seul aujourd'hui et veut jouir en paix d'une vieillesse honorable.

– Pourquoi nous dit-il tout ça ? s'étonne Milon.

Tout le monde ici sait que l'ancien sénateur, malgré quatre mariages successifs, n'a pas eu d'enfants.

– Attends ! fait Thraso. Je crois savoir, moi…

– Aussi, continue Raucus, notre maître a décidé de venir habiter définitivement dans sa villa. Pour la rendre plus agréable, à lui et à ses invités, il a ordonné la construction de thermes, qui seront situés du côté du soleil levant. Pour bénéficier de réserves suffisantes, il faudra construire un aqueduc qui amènera l'eau d'une source qui coule là-haut, au flanc de ce coteau…

Les esclaves ont l'habitude d'écouter l'intendant dans le plus profond silence. Mais, cette fois, ils ne peuvent s'empêcher de murmurer.

– Qui donc s'occupera des bêtes et de la terre, si nous devons construire un aqueduc ? lance tout à coup un homme que Milon connaît pour l'avoir vu, quelquefois, discuter familièrement avec Raucus.

C'est l'esclave qui s'occupe des vignes. Tous le respectent à la villa – même le maître ! – parce qu'il sait faire du bon vin !

D'ailleurs, Lucius Optimus ne semble pas fâché par son intervention. Il dit un mot à l'oreille de son intendant, que la remarque de l'esclave avait un instant déconcerté.

– Nous organiserons le travail de chacun différemment, tantôt à la villa, tantôt sur le chantier, reprend alors Raucus en se redressant. Il faudra vous lever plus tôt et vous coucher plus tard. De toute façon, cela ne durera que quelques mois. Les travaux doivent être achevés avant la fin de l'automne. Nous commençons demain !...

- 3 -

Milon et Thraso n'ont pas été réquisitionnés tout de suite. Et c'est de loin seulement qu'ils ont pu regarder, sans bien le comprendre, le travail de l'architecte et de ses aides chargés d'établir les plans de l'ouvrage.

Ils ont vu mettre en place le chorobate, une planche montée sur des pieds, munie de quatre fils à plomb et d'un niveau d'eau qui permettent de la caler parfaitement à l'horizontale.

Grâce à cette étrange machine, l'architecte calcule la hauteur de chaque pile de l'aqueduc par rapport aux différences de niveau du sol. Ainsi, la canalisation, placée au sommet de l'ouvrage, amènera l'eau selon une pente douce absolument régulière.

Après, des esclaves armés de pelles et de pioches ont creusé les fondations des vingt piles prévues pour l'aqueduc.

Dès que la construction proprement dite a commencé, Milon et Thraso ont été à leur tour envoyés sur le chantier. Ils y travaillent tous les jours de midi jusqu'au coucher du soleil.

Le torse nu et la tête protégée par un large chapeau de paille tressée pour se préserver un peu de la chaleur, ils déchargent dans des couffins le sable qu'un chariot tiré par des mules amène d'une rivière voisine. Ils n'ont guère le temps de souffler. Car il leur faut ensuite porter ce sable jusqu'à de grandes cuves en bois, où d'autres esclaves le mélangent à de l'argile, à de la chaux et à des fragments de pierres, concassées à l'aide de lourdes masses. Puis de l'eau est ajoutée à ce mélange pour le rendre pâteux…

Et comme Milon demande à quoi cela va servir, un des aides de l'architecte, esclave lui aussi, lui explique que ce mélange, coulé entre quatre murs de briques, permettra de construire rapidement les piles de l'aqueduc.

– Si on devait les faire en pierre taillée, cela serait très long et très coûteux, ajoute-t-il. Alors que le mortier, une fois qu'il a pris, devient dur comme de la pierre. Et, en plus, il ne coûte presque rien. Tu comprends, petit ?…

Milon secoue la tête. Il n'est pas sûr d'avoir bien compris. Il se contente de charrier ses couffins de sable, comme on le lui a ordonné. En revanche, il a eu, en quelques jours, tout le temps de comprendre pourquoi Thraso était si content à l'idée de venir travailler ici.

En effet, les occasions de s'enfuir sont nombreuses. Les esclaves vont et viennent à travers le chantier. Et ils doivent obéir à l'architecte ou à ses aides plutôt qu'à Raucus. Celui-ci a d'ailleurs bien du mal à surveiller son troupeau au milieu de toute cette agitation. Surtout quand, du sol foulé par tant de pieds, s'élève en nuages épais une poussière grise…

Thraso n'a pas caché à Milon son intention d'en profiter.

– Je suis sûr que mon père et ma mère ne sont pas loin d'ici, a-t-il expliqué dès le premier jour à Milon. C'est le cuisinier qui m'en a parlé… Si je m'évade, je les rejoindrai et eux demanderont à leur maître de me racheter au nôtre. Ça m'est égal d'être esclave si je suis avec eux…

– Mais tu n'y arriveras jamais, lui a répondu Milon. Qui te dit que Raucus n'a pas posté des gardes autour du chantier ?

– Je sais qu'il ne l'a pas fait ! À peu près tous les esclaves de notre villa travaillent à la construction de cet aqueduc. Le maître est pressé d'avoir de l'eau courante dans ses thermes…

Thraso, décidément, a réponse à tout.

Depuis, Milon le surveille encore plus étroitement. Si, par hasard, le jeune Thrace réussissait à s'enfuir sans que Raucus ne le retrouve, ce dernier s'en prendrait sûrement à Milon ! Il n'a été fouetté qu'une fois, mais il n'a pas oublié la morsure du fouet sur sa peau nue !

Il a beau faire attention, Thraso échappe parfois à sa vigilance. Il lui suffit d'un instant pour disparaître. Comme aujourd'hui ! La nuit approche, et il ne l'a toujours pas retrouvé. Il se décide à l'appeler à voix haute…

– Tu cherches quelqu'un ? lui demande l'intendant, qui passe par là, comme par hasard.

– Oui ! balbutie Milon. J'ai besoin d'aide pour transporter ce couffin de sable…

– Débrouille-toi tout seul ! répond Raucus avant de s'éloigner.

C'est alors que le garçon remarque une curieuse bosse sous la bâche placée au fond du chariot qu'il doit finir de vider. Il la soulève…

– Thraso ! Sors de là ! ordonne-t-il avec toute l'autorité dont il se sent capable.

– Non !

Milon n'hésite pas. Il attrape le jeune Thrace par les pieds et le tire vers lui. Thraso a beau se cramponner aux ridelles, il n'est pas le plus fort. Il tombe à terre… et part en courant !

– Reviens ici, lui crie Milon, sinon, j'appelle Raucus !

Comprenant fort bien la menace contenue dans ces quelques mots, Thraso revient lentement sur ses pas.

– Tu me le paieras ! murmure-t-il entre ses dents.

Puis, baissant la tête sous le poids d'un couffin plein de sable qui écrase ses épaules, il repart vers l'aqueduc dont les piles s'élèvent peu à peu.

- 4 -

Le mois de juillet est vite arrivé.

Maintenant les piles sont achevées et reliées entre elles par une première rangée de voûtes en briques. Aujourd'hui, on va commencer à bâtir la seconde, à plus de dix pieds au-dessus du sol.

– Il ne s'agit pas de fainéanter ! lance Raucus à tous les esclaves assemblés sur le chantier.

– Comme si on s'était amusé jusqu'à présent ! murmure Milon.

Il ne perd pas de vue Thraso, qui épie déjà les préparatifs de mise en place des voûtes.

L'architecte a fait venir sur le chantier plusieurs grues. Ce sont d'énormes machines en bois actionnées par une gigantesque roue d'écureuil à l'intérieur de laquelle quatre esclaves marchent, marchent, marchent sans fin…

– Si tu cherches à t'enfuir encore une fois, dit Milon à Thraso, je demanderai à l'intendant de t'enfermer avec eux. Là-dedans, tu pourras courir autant que tu voudras…

Mais il s'arrête net devant le regard de Thraso plein d'une tristesse désespérée.

Le jeune Thrace a-t-il enfin compris qu'il ne reverrait jamais ses parents ? Milon lit dans ses yeux

qu'il n'a plus envie de se battre, plus envie de s'évader, plus envie de vivre, peut-être... Cela l'inquiète brusquement, autant que ses tentatives de fuite. Et il aimerait bien pouvoir le consoler.

Mais déjà on les appelle. Cette fois, ce sont de grands sacs de toile qu'ils doivent remplir de sable. D'autres esclaves, choisis parmi les plus forts, les hissent sur les premières voûtes. Puis les grues commencent à soulever lentement de lourds coffrages pour les poser sur les premières voûtes. Thraso ne s'est pas écarté à temps et il a failli se faire écraser une main par le coffrage.

– Tu n'as rien ? lui demande son compagnon.

Thraso hausse les épaules, comme si cela n'avait pas d'importance qu'il se blesse ou non.

– Les briques, maintenant ! ordonne l'architecte.

Milon et Thraso aident à les hisser jusqu'à ceux qui les assemblent sur le coffrage arrondi. Tout le monde travaille vite, car il y a une vingtaine de voûtes à construire. Et le temps presse...

Lucius Optimus, venu surveiller l'avancement des travaux, n'a pas l'air satisfait. Il demande à l'architecte :

– Est-ce que j'aurai de l'eau dans mes thermes avant l'hiver ?

– Si tes esclaves travaillent dur, elle coulera dans cet aqueduc aux ides de septembre ! lui répond l'architecte, peu soucieux d'endosser la responsabilité d'un retard éventuel. Mais, pour les stimuler, tu peux leur faire donner le fouet par ton intendant...

– Je lui en parlerai !

Et le maître s'installe sur des coussins à l'ombre d'un arbre. Il est entouré des esclaves de sa maison qui, eux, sont dispensés du chantier.

Milon ne peut s'empêcher de les envier : lui, il se lève tous les matins bien avant l'aurore pour nourrir ses volailles. Et Thraso ne l'aide guère – encore moins que d'habitude, même ! – depuis quelques jours… Pourtant, il n'aimerait pas travailler dans la maison du maître. Il a trop peur de lui !

– Videz les sacs !

L'ordre de l'architecte le tire de sa rêverie. Il se précipite, défait les nœuds qui ferment les sacs et regarde le sable s'écouler sans bruit à ses pieds. Il voit, en même temps, le coffrage redescendre d'un demi-pied sous la voûte qui vient d'être achevée.

– Reculez-vous !

La grue se remet en marche. La corde qui était restée accrochée au coffrage se tend peu à peu. La lourde pièce de bois s'arrache à l'étreinte des briques bâties à la chaux et bascule lentement vers l'avant. L'instant d'après, elle se balance librement au bout de la corde.

Milon regarde autour de lui. Où est encore passé Thraso ? Et s'il était allé de l'autre côté de l'aqueduc ? Pour se mettre sous le coffrage, peut-être, et se faire écraser ?

Milon se glisse sous la première rangée de voûtes. Il n'y a personne de l'autre côté de l'aqueduc ! Personne, sauf le maître qui s'est levé et qui est venu se camper tout près de là, pour mieux observer la manœuvre de décoffrage…

– Attention ! hurle tout à coup le jeune esclave.

En levant la tête, il a vu que la corde de la grue venait de se rompre. Et que le lourd coffrage tombait droit sur le maître !

Il se précipite !

- 5 -

Tout le monde a crié sur le chantier, mais personne n'a rien vu. Car les esclaves étaient restés du côté opposé de l'aqueduc, pour aider à dégager le coffrage en le soulevant et en le poussant.

Heureusement, la lourde pièce de bois est tombée sur le sol où elle s'est à moitié brisée, tout près du maître qui a roulé à terre juste à temps pour ne pas être écrasé.

Tous les esclaves de sa maison se précipitent. Mais Lucius Optimus se relève déjà, indemne.

– La Fortune était avec moi ! lance-t-il à Raucus, accouru aux nouvelles.

– Puisse-t-elle ne jamais te quitter, maître ! lui répond celui-ci. Mais que s'est-il passé ?

Et le maître de raconter, en quelques mots, qu'il a voulu s'approcher de l'aqueduc pour observer la dernière manœuvre.

– Ma curiosité a failli me coûter cher, conclut-il avec un léger sourire qui déride un peu son visage austère d'ancien sénateur. Nous sommes peu de chose entre les mains des dieux…

– J'ai vu un esclave se précipiter vers toi, lui dit Raucus. Je vais le faire rechercher.

– Il est vrai qu'un jeune garçon s'est jeté sur moi… commence le maître.

– Il a osé porter la main sur toi, l'interrompt l'intendant. Il sera sévèrement châtié.

Mais d'un geste le maître lui ordonne de se taire :

– Que celui qui m'a sauvé la vie s'avance ! lance-t-il aux esclaves qui se sont rassemblés autour du coffrage brisé.

Milon, qui a couru se dissimuler sous la bâche d'un chariot en entendant les menaces de Raucus, pense aussitôt que c'est un piège pour le faire sortir de sa cachette. Au passage, il a aperçu Thraso, appuyé contre une pile de l'aqueduc. Pourquoi n'a-t-il pas profité de l'occasion pour s'enfuir ? A-t-il vraiment perdu tout espoir de retrouver ses parents ?

– Allons ! insiste le maître, surpris par le silence qui a accueilli ses paroles. Personne d'entre vous n'a vu celui qui m'a poussé ? ajoute-t-il en se tournant vers les esclaves de sa maison, restés sous l'arbre, pas très loin de l'endroit où s'est produit l'accident.

– Nous aussi nous avons vu un jeune garçon se jeter sur toi, lui répond l'un d'eux. Mais lequel de tous ceux qui sont là ? Ils sont tellement nombreux sur le chantier…

– Regardez bien ! Et tâchez de le reconnaître ! s'écrie alors Lucius Optimus. Car je veux affranchir celui qui m'a sauvé la vie. Je paierai pour lui la taxe d'affranchissement et je lui donnerai un pécule qui lui permettra de s'installer sur une de mes terres…

Ces mots rassurent Milon. Il se décide enfin à sortir de sa cachette et s'avance sans trembler vers le maître.

– J'ai vu celui qui t'a sauvé, lui dit-il.

Et, se tournant vers Thraso, qui n'a pas changé de place, il le montre du doigt.

– Voilà celui que tu dois affranchir ! ajoute-t-il. Il s'appelle Thraso, d'un nom qui rappelle celui du pays où il est né…

– Approche ! ordonne alors Lucius Optimus en s'adressant au jeune Thrace.

Thraso s'avance, l'air peu rassuré. Milon le devine prêt à s'enfuir. Mais, cette fois, c'est parce qu'il a peur !… Sans doute n'a-t-il pas bien compris tout ce qui s'est dit devant lui. Alors, Milon n'hésite pas. Il ose adresser une nouvelle fois la parole au maître. Il lui raconte l'histoire de Thraso…

– Tu dis que ses parents ont été vendus le même jour que lui sur le forum de Trajan ? Un couple de Thraces, prisonniers de guerre ? s'écrie tout à coup Raucus qui l'a écouté attentivement. C'est l'intendant de notre voisin, l'illustre Marcus Sestius Agrippa, qui les a achetés…

– Eh bien, j'irai le voir, intervient le maître. Et, si ce sont bien les parents de ce garçon, je les rachèterai et je les affranchirai, eux aussi. Ainsi, ils pourront vivre tous ensemble, sur une de mes terres… N'est-ce pas là le moins que je puisse faire pour mon sauveur ?

Thraso regarde tour à tour le maître, l'intendant et Milon avec des yeux effarés. Il ne comprend toujours pas bien ce qui lui arrive. Car il a vu Milon se précipiter vers Lucius Optimus à l'instant où le coffrage tombait. Alors, pourquoi celui-ci ne dit-il pas la vérité ? Tient-il tellement à rester esclave ?

Le jeune Thrace se décide enfin à s'avancer vers le maître pour lui expliquer que c'est Milon qui lui a sauvé la vie et que c'est lui qui doit être affranchi.

Tout à coup, de bruyantes lamentations se font entendre tout près de là.

– Que se passe-t-il encore ? demande le maître.

- 6 -

C'est Gaia Pompeia, une vieille tante de l'ancien sénateur, venue passer l'été à la villa, qui accourt, accompagnée de toutes ses servantes en pleurs.

– Cher Lucius Optimus, s'écrie-t-elle en voyant son neveu debout et vivant, la nouvelle de ta mort s'était déjà répandue dans ta maison. Je suis heureuse de constater qu'elle n'est due qu'à l'affolement de ceux qui t'aiment… Et heureuse, surtout, de te voir en parfaite santé et je…

– Merci, ma chère Gaia Pompeia, l'interrompt le maître que le bavardage de la vieille femme agace un peu, apparemment.

– Mais que fait là ce garçon ? demande brusquement la vieille femme en montrant Milon, debout devant le maître, à côté de Thraso.

– C'est un esclave de ma basse-cour, répond Lucius Optimus. Il travaille, comme mes autres esclaves, à la construction de mon aqueduc. Et maintenant, si vous voulez bien, toi et tes femmes…

– Attends ! fait Gaia Pompeia. Je suis sûre qu'il s'agit du fils du barbier auquel je loue une boutique dans ma maison de Rome…

– Le fils du barbier ? répète Lucius Optimus. Mais comment ?

– C'est à cause de cette tache de naissance que ce garçon a sur la poitrine, l'interrompt une nouvelle fois la vieille femme.

Il est vrai qu'une tache de naissance, couleur lie-de-vin, grosse comme deux paumes de main, s'étale sur sa poitrine, juste sous le sein gauche. Personne n'y a fait attention jusqu'ici. Qui pourrait bien s'intéresser à un esclave, sinon une vieille femme bavarde ?

– Je m'en souviens bien ! reprend déjà Gaia Pompeia. C'était il y a dix ans… Ce qui m'a frappée dans cette histoire, c'est que le barbier, mon locataire, a abandonné son enfant à cause de cette tache, justement. Il était persuadé qu'elle lui porterait malheur, à lui et à toute sa famille.

– Il y a dix ans, dis-tu ? demande Raucus. Si le marchand d'esclaves qui me l'a vendu ne s'est pas trompé, Milon a bien cet âge…

Mais le maître ne semble pas l'avoir entendu. Il paraît plongé dans une profonde méditation, comme s'il cherchait à se souvenir de quelque chose…

– Cette tache ! s'écrie-t-il tout à coup. Je suis sûr de l'avoir vue, moi aussi… Mais quand ? C'est la première fois que je viens surveiller le chantier… À la villa, les esclaves portent toujours une tunique… Alors ?… Ce ne peut être qu'au moment où ce jeune garçon m'a poussé… Pourquoi ne m'as-tu pas dit que c'est toi qui m'as sauvé la vie ? conclut-il en se tournant vers Milon.

– À quoi cela me servirait-il d'être libre ? répond Milon en baissant la tête. Thraso en a bien plus besoin que moi. Lui, il connaît ses parents. Tandis que moi… Mon père m'a abandonné à ma naissance… Je n'ai pas de famille…

– Tu en auras une, désormais ! s'exclame Lucius Optimus. Car je veux récompenser ta générosité ! Rassure-toi ! Je tiendrai les promesses que j'ai faites à Thraso. Ce serait trop cruel sinon !

– Mais je ne demande rien pour moi et…

– Toi aussi, je veux t'affranchir, reprend le maître en prenant à témoin sa vieille tante qui hoche la tête, toute émue. Je te garderai auprès de moi, à la villa. Je te ferai instruire par un grammairien. Et j'espère qu'un jour tu pourras remplacer le fils que je n'ai jamais eu… Alors, je t'adopterai…

– Je ne le mérite pas, pourtant, commence Milon…

Mais Lucius Optimus ne le laisse pas finir :

– Si j'avais eu un fils, et s'il avait fait preuve d'autant de générosité que toi, crois-moi, j'aurais été fier d'être son père… Et cela me suffit ! J'espère seulement que tu sauras te montrer digne de ma confiance.

Puis, retournant dans sa demeure, il emmène Milon avec lui. Et les esclaves s'empressent autour du jeune garçon avec tous les égards dus à un homme libre.

Direction éditoriale : Virginie Grandval
Édition : Chloé Guidoux assistée de Juliette Minel

Direction artistique : Armelle Riva
Création de couverture : Thérèse Jauze

Direction de fabrication : Thierry Dubus
Fabrication : Florence Bellot